우리는 교육에서 무엇을 평가하고 있는가

우리는 교육에서 무엇을 평가하고 있는가

알고리즘, 그 이상의 교육

Good Education in an Age of Measurement:
Ethics, Politics, Democracy

거트 비에스타(Gert J. J. Biesta) 지음
이민철 옮김

교육의 진정한 목적이 무엇이냐 하는 것은 교육을 연구하거나 교육정책을 입안하고 집행할 때, 그리고 교육에 대해 평론하거나 현장에서 교육을 실천할 때 가장 먼저 물어야 할 질문입니다. 이 책에서는 교육의 목적에 대한 물음은 방기한 채 교육의 효과성과 효율성만을 중심으로 교육의 성과를 평가하고 가치 있는 것을 측정하기보다는 측정된 것에 가치를 부여하는 저간의 흐름을 심도 있게 비판하면서 바람직한 교육의 나아가야 할 방향에 대해 이야기하고 있습니다.

씨아이알

일러두기

1. 이 책은 『Good Education in an Age of Measurement』(Gert J. J. Biesta, Taylor & Francis Group LLC, 2010)의 우리말 번역이다.
2. 외래어는 외래어표기법에 따랐으나 관용적인 표기와 동떨어진 경우 절충하여 실용적 표기를 하였다.
3. 본문에서 **진한 글씨**로 표기된 부분은 옮긴이에 의한 강조이다.
4. 내용 중에서 주의가 미쳐야 할 곳이나 중요한 부분에 대하여 '작은따옴표'로 표시하였다.
5. 본문과 각주의 국외 도서 제목은 이탤릭으로 표기하였다.
6. 영문 원서의 본문 안 참고문헌은 각주로 옮겨 표기하였다.
7. 독자의 이해를 돕기 위해 한국어판 옮긴이의 주석을 본문과 각주에 추가하고 - 옮긴이 또는 (옮긴이)로 표시하였다.

옮긴이 서문

교실 하나를 주야간 학생들이 함께 사용하던 시절의 에피소드 한 토막이다. 실습 등 특별한 경우를 제외하고는 이동 수업이 없던 시절이라 학생들이 대부분의 시간을 자기 교실에서 보냈다. 그런데 아침에 등교하면 청소와 정리정돈이 잘 되어 있던 교실이 산만하게 어질러지는 것이었다. 짐작할 수 있겠지만 야간 학생들의 수업이 밤늦게까지 이어지는 바람에 정리정돈을 제대로 못하고 귀가하기 때문이다. 모든 교실을 주야간 공용으로 사용하는 것은 아니었기 때문에 그런 교실을 배정받은 주간 반 담임교사들은 특히 불만이 많았다. 해당 담임교사들이 모여 회의도 하고 대책도 강구했지만 며칠 지나면 도로 같은 상황이 반복되다보니 짜증이 나면서도 그러려니 하는 수밖에 없었다.

새로 부임해 온 어느 교사도 담임 보직을 맡으면서 그런 교실을 배정받았다. 상황을 지켜보다가 며칠 후 퇴근할 때 칠판에 다음과 같은 메시지를 적은 종이를 부착했다.

"얘들아, 주간 반 선생님이야. 한 번도 얼굴을 본 적은 없지만 같은 교실을 사용하게 되었구나. 반가워. 좋은 인연이 되었으면 좋겠어."

놀라운 일이 벌어지기 시작했다. 매일같이 어질러지던 교실이 눈에 띄게 달라져갔다. 완전히 정돈된 것은 아니었지만 이전과는 분명히 달라진 모습이었다. '귀가할 때는 휴지를 줍고 정돈했으면 한다'와 같은 메시지가 아니었음에도 불구하고 아이들은 선생님의 마음을 읽었던 모양이다. 며칠 후 선생님은 다시 쪽지를 부착했다.

"얘들아, 교실이 많이 깨끗해졌네. 고마워."

아침에 출근해 보니 전날 쪽지를 붙였던 자리에 다른 쪽지가 붙어 있었다.

"선생님, 그동안 죄송했어요. 저희들에게 이렇게 따뜻한 관심을 보여 주신 건 선생님이 처음이에요. 앞으로 선생님과 주간 학생들이 불편하지 않도록 조심할게요."

몇 차례 얼굴 없는 메시지 교환이 있은 후 결국은 주야간 학생들의 미팅이 이루어졌다. 누가 먼저, 어떻게 제안했는지는 모르지만 자연스럽게 공감대가 형성되었던 모양이다. 야간 학생들은 대부분 연령대가 좀 높았기 때문에 주간 학생들과 이모, 언니, 동생으로 부르고 가슴에 담아 두었던 서로의 이야기를 나누면서 세대 간 소통과 생활교육이 자연스럽게 이루어졌다.

어디에나 질투와 부러움을 동시에 받는 교사들이 있다. 대부분의 교사들이 수업하기 힘들다고 하소연하는 학급의 학생들도 그런 교사가 수업할 때는 전혀 다른 모습으로 변한다. 그들에게는 다른 교사들과 비교해서 어떤 특성이 있는 것일까? 우리는 대개 이런 문제를 '방법'의 측면에서 접근한다. 따라서 교육 관련 연수기관에서 제공하는 각종 연수들은 문제해결을 위한 '방법'의 전수에 주력한다. 그런데 그런 연수가 기대한 만큼의 효과를 거두고 있다고 보기는 어렵다. 이것도 연수의 '방법'에 문제가 있는 것일까? 앞의 에피소드에서 소개한 교사의 행위도 연수를 통해서 배울 수 있을까?

이 책의 저자는 교육의 문제를 '방법'의 측면에서 접근하는 것은 대안이 될 수 없다고 주장한다. 다시 교사의 수업으로 돌아가 보자. 대부분의 교사가 어려워 하는 학급의 학생들을 대상으로 '매력적인' 교육 활동을 전개하는 교사들을 보면 결코 방법들이 동일하지 않다. 그런 교사들이라 해서 모두 학생 중심으로 교육 활동을 하는 것도 아니다. 그런데 그들과 대화를 해보면 연수에서 많은 도움을 받았다고 말한다. 동일한 연수를 받아도 교육 활동을 펼치는 모습은 교사에 따라 다양하게 나타난다.

교육 활동을 성공적으로 수행하는 교사들의 하루 일과를 세밀하게 관찰해 보면 외형적으로 드러나는 교육방식은 달라도 학생들과 접촉(상호작용)하는 절대 시간이 많다는 것을 확인할 수 있다. 어떤 교사는 수업활동을 통해서 접촉을 하기도 하지만 수업활동 이외의 시간을 별도로 마련해서 대화를 하기도 한다. 이것도 일종의 '방법'이 아니냐 하는 의문을 가질 수도 있지만 결코 '방법'에 그치지 않는다는 것은 학생과의 대화 확대를 정책적으로 도입하여 적용한다 해도 나타나는 양상이 교사들에 따라서 다양하다는 사실에서 확인할 수 있다. 교사마다 학생을 대하고 가르치는 방법은 다양해도 학생 한 사람 한 사람을 세상에서 유일한 존재로 바라보며 인정하고 존중하는 것은 동일하다고 할수 있다. 방법이 아니라면 이것은 무엇일까? 이 책의 저자는 이 물음에 대한 응답을 '주체화subjectification'로 보고 있다.

저자에 따르면 주체화는 '새로 오는 자newcomer'를 기존 질서에 편입하는 것이 아니라, 그러한 질서로부터의 독립을 암시하는 방식에 관한 것이다. 여기서 '새로 오는 자'로 번역한 것은 교육 활동의 경우 '학생'을 지칭하는 것으로 보면 될 것이다. 간단히 설명하면 한 학급에 20명의 학생이 있다고 할 때 이들을 1/20의 집합이 아니라 1/1, 즉 한 사람 한 사람을 그 자체로 온전한 존재, 소중한 존재로 바라보는 것이다. 제도교육이 빠지기 쉬운 함정은 모든 학생을 표준화된 존재로 바라보기 쉽다는 것이다. 학생을 표준화된 존재로 바라보면 교육은 이들 모두를 기존 질서에 편입하는 활동이 된다. 이런 패러다임에서는 주어진 목적을 얼마나 효과적이고 효율적으로 성취할 것이냐 하는 것 외에 '무엇이 좋은 교육이냐'라는 물음이 제기되지 않는다.

모든 영역에서 급속한 변화가 진행되고 있는 세계 여러 나라에서는 교실과 학교 운영 및 교육정책 등에서 많은 변화와 혁신이 진행되고 있다. 이 점에 있어서 우리나라도 예외가 아니다. 정책당국에서는 연구 용역 등을 통하여 구체적인 처방 마련을 위해 상당한 노력을 기울이고 있기도 하다. 그런데 저자에 따르면 이러한 변화와 혁신은 '왜'보다는 '어떻게'에 더 많은 비중을 두고 이루어지고 있다. 그런데 우리의 교육 현장을 보면 정책당국의 기대와는 달리 효율적이고 효과적인 교육이 이루어지고 있다고 보기 어려운 일들이 적지 않게 일어나고 있음을 부인하기 어렵다. 학교폭력은 그 양상이 다양하게 진화하면서 여전히 당사자와 부모를 힘들게 하고 있고, 공교육에 대한 신뢰도 또한 개선될 기미를 보이지 않고 있다. 보는 관점에 따라 다소 차이는 있을지 모르지만 교육당국에 대한 학부모나 교사 및 학생의 신뢰도 역시 그다지 나아지고 있지 않고 있고, 범위를 좁혀 교실의 수업사태만 보더라도 교사의 교육 활동 만족도와 학생의 학습 참여도 역시 우려할 만한 수준이라고 당사자들은 고백한다. 배움에서 의미를 찾지 못하는 학생들은 여러 가지 양상으로 부적응 행동을 보이고, 이런 학생들을 가르치는 교사들은 교육 활동에 열정을 쏟지 못하고 주어진 일만을 최소한으로 하려는 경향도 생겨나고 있는 실정이다. 사교육 시장이 비대해지는 것은 이런 문제가 표출되는 한 단면일 뿐이다. 정책당국이 힘주어 기울이는 노력은 이런 문제들을 개선하기 위함일 텐데 기대한 대로 문제해결이 안 되는 이유는 무엇일까?

저자에 따르면 교육의 변화와 혁신을 위한 담론은 '좋은 교육이 무엇인가'라는 가치 전제된 물음보다는 위에서 지적한 대로 설정된 교육 목표를 달성하는 데 '효율적이고 효과적인 방법이 무엇인가'라는 가치

중립적인 물음을 중심으로 진행되고 있다. 방법에만 역점을 두면 오히려 방법이 실종되는 역설이 발생하는 것인가? 저자는 다른 저서[1]에서 '파크스-아이히만 역설Parks-Eichmann paradox'을 소개하고 있다. 주지하다시피 로자 파크스Rosa Louise McCauley Parks는 1955년 12월 1일, 앨라배마주 몽고메리에서 백인 승객에게 자리를 양보하라는 버스 운전사의 지시를 거부했다 해서 경찰에 체포되었고 이로 인해 미국 인권 운동의 막이 올랐다. 아돌프 아이히만Otto Adolf Eichmann은 2차 대전 당시 수백만 명의 유대인들을 동유럽의 게토와 학살 수용소로 강제 추방하는 것을 촉진하고 관리하는 임무를 맡았던 인물이다. 나치 체제에서는 국가권력의 지시나 교육에서 요구하는 사항을 철저히 따르는 것 외에 그 요구 사항의 목적이 무엇인지, 그 목적이 과연 바람직한 것인지에 대한 질문과 고민은 허용되지 않았다. 아이히만은 교육받은 대로 명령을 충실히 이행했고 파크스는 모든 권리를 백인에 우선적으로 양보해야 한다는 직간접의 메시지를 읽었음에도 이를 거부했다. 둘 다 관련 교육을 받은 점에서는 동일하지만 한쪽은 맹목적으로 지시를 따랐던 반면 다른 한쪽은 '인간이란 무엇인가?'에 대한 실존적(주체적) 고민을 했고 그 결과 가르침이나 지시 받은 대로가 아니라 인간으로서 요청되는 양심의 소리를 따랐던 것이다. 그러나 인간을 인간으로 바라보는 것은 말처럼 쉬운 일이 아니다. 우리는 사람을 대할 때 대개 그 사람이 속하거나 관련된 국적, 직업, 피부색, 성별, 학벌, 종교 등을 기준으로 그 사람을

---

1   Biesta, G. J. J.(2022). *World-centred education: A view for the present*. London: Routledge.

판단하고, 그 사람이 개인으로서 지니고 있는 특이성singularity 혹은 특성
은 보지 못하는 경향이 있다. 교육목적으로서의 주체화란 이와 같이
인간을 인간으로 바라보게 하는 것, 상대편 입장에서는 자신을 인간으
로 바라보지 않는 사태가 일어날 때 여기에 저항하게 하는 것에 다름
아니다. 교육목적은 이미 주어져 있는 것으로 간주하고 교육 활동에서
는 이를 어떤 방법으로 실현할 것인가에 대해서만 진력하도록 하는 정
책은 성공적인 교육 활동에 필수적인 참여자의 헌신과 열의를 빼앗아
간다. 이것은 목적을 상실한 교육의 전형적인 모습이다.

　이 책의 저자는 교육의 목적에 대한 강력한 합의가 있는 경우에,
다시 말하면 교육의 목적에 의문을 제기할 수 없는 경우에 연구가 할
수 있는 유일하게 '가능한' 것은 기술적인 역할인 반면, 그러한 합의가
존재하지 않을 때는 연구가 상황에 대해 다양한 해석을 제공할 수 있기
때문에 문화적 역할을 수행할 가능성이 커진다는 드 브리스Gerard de Vries
의 주장에 주목하고 있다. 우리나라의 경우는 어떠한가? 수시로 쏟아지
는 각종 교육정책에는 교육의 목적에 대해서는 모종의 합의가 이루어
져 있다는 가정이 들어 있다고 볼 수 있다. 아마 누군가 혹은 어느 집단
이 우리가 추구해야 할 교육의 목적에 대해 합의를 했을 수 있다. 교육
정책을 입안하고 시행하려면 교육목적을 설정하는 일은 반드시 거쳐
야 할 과정이기 때문에 교육목적의 설정 자체를 문제로 삼을 수는 없을
것이다. 그러나 어느 수준에서 목적을 설정하느냐, 그리고 그 목적에
누구의 뜻이, 어떤 방식으로 반영되느냐 하는 문제는 진지한 검토가
필요하다. 민주주의 체제에서 교육의 목적이 과연 쉽게 합의될 수 있는

문제인가? 우리 교육이 추구해야 할 목표와 목적을 설정하는 일에 주체적으로 참여한 국민이 얼마나 되는가? 교육의 목표와 목적의 설정은 정책당국과 소수의 전문가만이 관여할 일이고 국민 대다수는 결정된 정책을 일방적으로 받아들이는 대상일 뿐인가?

큰 틀에서의 목적만이 아니라 세부적인 목표에 이르기까지 정책적으로 교육과정에 의해 결정된다면, 그리고 외형적으로는 학생 개인의 꿈과 적성을 펼칠 수 있다고 하면서 사실은 국가와 사회가 설정한 필요에 부응하는 능력을 갖춘 학생들에게만 유리한 기회를 제공한다면, 여기에서 제외된 학생들은 배움에 큰 의미를 두기 어렵다. 교육정책당국에서는 종종 4차 산업혁명이다, AI다 하면서 시대·사회가 요구하는 긴급한 과제를 공교육 실천의 목적 혹은 목표에 끌어들이고 있다. 또한 개인적으로는 사회적 재화의 분배에 유리한 분야로의 진입을 목표로 어릴 때부터 사교육 시장의 문턱을 들락거리는 아이들이 많은 것이 우리나라의 교육현실임을 부인하기 어렵다. 그러나 시대·사회적 과제가 아무리 중요하고, 또 그 과제를 감당할 수 있는 인재가 되는 것이 아무리 매력적이라고 해도 그것이 배움의 내적 동기를 끌어올리는 데는 한계가 있다. 학생 자신의 실존적, 주체적 고민의 결과가 아니기 때문이다. 그리고 사회적 재화분배에 유리한 분야로의 진입이 주는 보상이 아무리 크다 해도 이 또한 적극적인 학습 참여로 이끌지는 못한다. 학생 자신의 주체적 선택이 아닐뿐더러 그 분야로 들어가는 문은 너무나 좁다는 것을 알기 때문이다. 이런 사실을 누구보다도 잘 알고 있는 학생들이기 때문에 학습에 대한 열의는 낮을 수밖에 없다.

제도교육은 사회투자로서의 측면과 더불어 사회복지로서의 측면도 가지고 있다. 국가의 예산으로 운용되는 교육에서 시대적 상황과 대내외적인 제반 여건을 고려하여 자원을 (차등) 배분하는 것은 사회투자로서의 교육을 반영한 것이라 볼 수 있다. 그러나 초중고 수준의 교육에서는 사회복지로서의 교육이 지니는 가치를 소홀히 해서는 안 될 것이다. 이것은 인간다운 인간으로 성장할 수 있도록 하는 것과 더불어 사회투자로서의 교육을 제대로 이수할 수 있는 기본적인 역량을 함양하는 데도 유익하기 때문이다. 국가와 사회의 필요는 시대 상황에 따라 수시로 변화할 수 있는 변수인데 초중등 교육과 같이 최종 단계의 교육이 아닌 수준에서 국가와 사회의 필요를 기준으로 교육의 혜택을 차등 분배하는 것이 과연 정당한가 하는 것은 진지한 검토가 필요한 문제이다. 이 말은, 교육의 목적은 쉽게 합의할 수 있는 사항이 아님을 의미하는 것이다. 교육의 목적을 설정하는 일에 누가, 어떤 방식으로 참여하느냐에 따라 교육의 방향은 크게 달라진다. 이러한 점을 고려할 때 교육의 목적이 마치 합의된 것처럼 '방법' 위주로 교육의 정책을 펴는 것이 과연 옳은 일이냐 하는 것이 저자의 문제의식이다.

이 책에서 저자는 교육의 목적으로 자격화qualification,[2] 사회화socialization

---

2 저자가 교육의 목적 중 하나로 들고 있는 'qualification'은 우리말의 뉘앙스에 맞게 옮기기가 어려운 개념이다. 저자가 이 책 1장에서 'qualification'을 학습자에게 지식, 기술 및 이해와 더불어 학습자로 하여금 '무언가를 할 수 있게 하는' 성향과 판단의 형식을 제공하는 것이라고 설명하고 있는데 우리나라의 기준으로 보면 대다수의 학생들과 부모가 학교교육을 통하여 1차적으로 습득하기를 기대하는 목적이라고 볼 수 있다. '실력향상', '역량강화' 등으로 옮길 수도 있지만 우리말의 뉘앙스를 온전히 담아내기는 어렵다고

와 더불어 주체화subjectification를 들고 있다. 저자는 이 세 가지가 모두 교육의 중요한 목적이고 이들은 별도로 추구되는 것이 아니라는 점을 지적하면서도 교육을 교육답게 하는 것은 주체화로 보고 있다. 자격화와 사회화는 외부에서 설정하거나 부과될 수 있는 것이지만 주체화는 학생 개개인이 인간으로서 존중받도록 하는 것이라는 점에서 다른 두 목적과 구별된다. 주체화는 한 사람 한 사람을 이 세상에서 유일한 존재로 탄생하도록 하는 것이기 때문에 교육의 목적을 제3자가 외부에서 설정하는 구도 속에서는 설 자리가 없다. 주체화 이외의 목적을 추구하는 것이 아무리 보상이 크다 해도 학생 내면의 주체성을 인정받지 못한다면 배움에 적극적으로 참여하려는 내적 동기는 약화될 수밖에 없다. 공교육의 변화와 혁신을 위해 정책 당국에서 각종 정책을 쏟아내고 있음에도 배움에 적극적으로 참여하려는 학생들의 동기가 기대에 못 미치고 있다면 혹시 그 원인이 주체화를 등한시한 데 있는 것은 아닌지 성찰해 볼 일이다.

저자는 교육 목적으로서의 주체화를 민주주의와 연결시키고 있다. 우리의 풍토에서는 교육을 정치와 연결시켜 논의하는 것을 금기시하거나 조심스러워 하는 관행이 있는 게 사실이다. 아마 정치는 정치가들이 하는 일이라고 여기기 때문일 수도 있고, 아니면 우리의 민주주의가 어느 정도 궤도에 올라와 있다고 믿어서일 수도 있을 것이다. 그런데

판단한다. 여기서는 비에스타 교수와의 대화를 바탕으로 저술한 책에서 이를 '자격화'로 옮긴 점을 존중하는 것이 혼선을 줄일 수 있을 것으로 판단하여 이 번역어를 따르기로 했다. 김현수 외 8인(2023). 『학생을 깨우는 교사 세상을 바꾸는 학생』. 별이별친구들.

소위 정치 선진국, 다시 말하면 민주주의 수준이 높은 나라에서 교육을 받고 학문 활동을 해온 저자가 민주주의 교육의 중요성에 대해 끊임없이 논의를 하는 것은 얼핏 볼 때 다소 의아하게 여겨질 수도 있다. 우리는 그동안 많은 이들이 희생적인 참여로 민주화와 경제발전 둘 다를 이룬 자랑스러운 역사를 가지고 있다. 그런데 우리보다 훨씬 민주주의의 역사가 긴 나라에서 민주주의를 몸으로 체험해 온 저자는 민주주의, 아니 정치를 그렇게 안이하게 바라보지 않고 있다. 저자에 따르면 정치 혹은 진정한 민주주의는 '언제나'가 아니라 '어쩌다가sporadically' 실행되는, 매우 취약한 것으로 본다. 저자는 진정한 민주주의의 발전이 민주질서의 내부에 있는 이들이 주체가 되어 바깥에 있는 이들을 끌어안는 것이 아니라inside out 민주질서의 밖에 있는 이들이 주체적으로 질서를 만들어 가는 것outside in으로 규정한다. 교육에서의 주체화 역시 교사가 학생들에게 일방적으로 베풀어 줄 수 있는 것이 아니라고 본다. 교육에서든 정치에서든 주체화는 베풀어주는 것이 아니라고 보는 것이다. 우리로서 더욱 이해하기 어려운 것은 민주주의 교육이 중요하다고 하면서도 민주주의는 가르칠 수 있는 것이 아니라고 보는 저자의 관점이다. 교육에서의 주체화는 때때로 '멈춤interruption' 혹은 중단이 수반되는 연약한weak 교육을 요청한다는 것이 저자의 관점이다.

교육자들은 아이들과 젊은이들에게 '훌륭한 민주주의자'가 되라고 가르치는 대신에(내가 보기에 그것은 기본적으로 치안의 질서 안에 남아 있는 전략이다) 민주화가 '일어나는' 예측할 수 없는 순간에 학습 기회를 활용하고 지원하는 역할을 마땅히 할 수도 있을 것이다. 내가 볼 때 민주주의를 가르치려는 시도를 중단함으로써(설령 그것이 숙고 민주주의의 이상에 기초한 가르침일지라도) 그러한 순간들이 일어난다는 것은 더 이상 말할 필요도 없을 것이다(p. 186).

여기서 저자가 사용하고 있는 'interruption'의 번역어에 대해 잠시 설명이 필요할 것 같다. 우리나라에서는 저자의 'interruption'를 이미 '개입'으로 번역하여 출간한 사례가 있다.[3] 그런데 본 저작(『우리는 교육에서 무엇을 평가하고 있는가』)에서 저자는 'interruption'를 우리말의 '개입'보다 훨씬 강한 의미로 사용하고 있는 맥락이 있어서 이 경우에는 이를 단순히 '개입'으로 읽으면 저자가 강조하고자 하는 의미를 살리기가 어렵다고 판단되기 때문에 '멈춤', '중단', 혹은 '중지'의 의미로 읽을 필요도 있을 것 같다. 저자는 이 책에서 'interruption'와는 별도로 'intervention'이란 용어를 사용하고 있기도 하다(pp. 45-50, p. 130). 일례로 저자는 'intervention'을 저자가 비판하는 증거기반실천의 핵심개념으로 사용하고 있다. "증거기반실천의 핵심개념은 효과적인 **개입**intervention이다. 전문적인 행위를 **개입**으로 간주하며 연구를 통해 개입의 효과에 대한 증거를 얻을 수 있는지 묻는다"(pp. 45-46). "효과적인 **개입**이란 원인으로서의 개입과 그 성과 또는 결과(효과) 사이에 확실한 관계가 있는 **개입**이다"(p.46). "유일성uniqueness은 특정한 교육적 **개입**이나 특정 교수법

---

3   Biesta, G. J. J.(2006a). *Beyond Learning -Democratic Education for a Human Future*. 박은주 옮김.『학습을 넘어 - 인간의 미래를 위한 민주 교육』. 교육과학사.

에 의해 보장될 수 있는 성과가 아니다"(p. 130).

목적에 대한 물음이 실종된 원인

저자에 따르면 주체화를 추구하는 교육은 미리 정해진 틀을 재생산하는 것이 아니라 이 세상에 유일무이한 존재로 탄생하도록 하는 것이기 때문에 정해진 목적을 효과적으로 달성하는 데에만 관심을 갖는 교육과는 결을 달리한다. 교육의 효율성, 효과성에만 관심을 갖게 되면 '좋은 교육이란 무엇인가?' 하는 물음은 제기되지 않는다. 저자는 좋은 교육에 대한 물음을 주변화시킨 요인으로 학습언어의 부상, 증거기반 풍토, 그리고 책무성을 들고 있다. 첫째, 학습의 언어는 특히 목적의 문제를 포함해서 내용과 관계의 문제를 다루기 어렵게 만든다. 저자는 이 문제를 교육의 '학습화learnification'란 개념으로 접근하고 있다. 학습은 기본적으로 개인주의적인 개념이기 때문에 관계를 수반하는 '교육'의 개념과 뚜렷이 대조된다. 또한 학습은 근본적으로 과정의 개념이어서 학생들이 무엇을 배워야 하고 어떤 목적으로 그것을 배워야 하는지를 구체적으로 명시하지 않으면 배우는 내용과 목적에 대해서 실제로 뭔가를 말해주는 것이 거의 없다. 또한 학습의 언어는 교사의 전문적 권위에 부정적인 영향을 미친다는 것이 저자의 판단이다. 학습이 교육 활동의 중심이 되면서 학교/교사와 학부모/학생 간의 관계가 탈전문화되었다. 말하자면 교사와 교육 기관은 학생과 학부모의 요구에 맞추어야 하고 그들의 요구에 따라야 하는 위치로 빠져든 것이다. 결과적으로 학습자의 명시적인 '요구'에 어긋나는 문제에 대해서 교사는 전문적인 판단을 내리는 것이 점점 더 어려워졌고 부모와 학생들은 소비자의 입장으로 이끌려서 궁극적으로 교육자와 교육 기관의 전문성을 신뢰하고 따르는 것이 더욱 어려워졌다는 것이 저자의 진단이다. 교육의 학습화는 바로 이어서 설명할 책무성 문화와 더불어 지금 우리나라에서 학부모의 과도한 요구로 인해 빚어지고 있는 심각한 사회문제 근원의 한 축이 되고 있지 않은지 진지한 검토가 필요하다고 생각한다.

둘째, 증거기반 풍토이다. 교육 활동의 성과를 객관적으로 검증하는 것은 가치 있는 일이지만 증거기반 풍토의 문제는 검증할 수 있는 것만을 가치 있게 판단할 가능성이 커진다는 것이다. 말하자면 가치 있는 것을 검증하는 것이 아니라 검증할 수 있는 것만을 가치 있는 것으로 평가하는, 소위 수레를 말 앞에 놓는 현상이 벌어지는 것이다. 정기고사에서 가치 있는 교육내용을 문항으로 출제하는 것이 아니라 출제하기 쉬운 내용, 혹은 논란이 없는 내용 중심으로 시험문항을 구성한다면 어떻게 되겠는가? 논란이 없다는 데에는 증거가 확실하다는 의미도 들어 있다. 저자에 따르면 증거기반 풍토에서는 '좋은 교육이란 무엇인가?'와 같은 가치가 전제된 물음을 다루려 하지 않는다. 저자는 좋은 교육이란 무엇인가 하는 문제를 도외시하고 교육의 효과를 객관적으로 검증하는 것만을 중시하게 되면 '데이터, 통계, 성적표가 인간을 대신하여 의사결정을 해버릴 실제적인 위험이 있다'고 경고한다. 이는 마치 의사가 환자 개인의 상태를 면밀히 살피지 않고 컴퓨터 화면에 표시된 검진결과 수치만을 가지고 환자의 질병에 대해 처방을 내리는 것과 같은 이치라고 볼 수 있다. 검진결과 수치도 환자의 전반적인 심신 상태에 따라 그 '의미'가 다르다는 것은 상식에 속하는 일이다. 교육과 같이 인간의 모든 측면이 복합적으로 상호작용하는 영역에서는 표준화된 통계수치를 해석하는 데 더욱 신중을 기할 필요가 있다.

저자는 드 브리스의 주장을 끌어들여 증거기반의 방법론에 따른 연구를 활용하여 교육을 효과적이고 효율적으로 실천할 수 있게 하는 것이 연구가 교육에 기여하는 유일한 방법은 아니라는 점을 지적한다. 교육 실천가로 하여금 자신의 실천을 다르게 바라보고 다른 것을 상상하게 한다면 교육연구는 실천가 자신의 실천 행위에 대해 달리 이해하도록 한다는 점에서 교육 실천에 영향을 미칠 수 있다. 이것은 사회현실을 이해하고 상상하는 다양한 해석과 방법을 제공하는 것이다. 말하자면 관점 전환을 통해 이전에 보지 못했던 것을 볼 수 있게 하는 것은 실증적 연구를 통해 효과적이고 효율적인 실천에 도움을 주는 것 못지않게 중요한 것이다. 드 브리스는 후자를 '연구의 문화적 역할'이라고 부른다(이 책, p. 62). 이를 복잡계의 관점에서 해석하자면 철학과 같은 인문학이 실천에 기여할 수 있는 방법은 당장 활용 가능한 구체적인 실천적 지침을 주는 것이 아니라 독자에게 불협화음의 씨앗을 심어 놓음으로써 그 씨앗이 자기조직화를 일으켜 관점의 변혁을 일으키도록 하는 것이다. 그런데 저자에 따르면 증거기반실천이라는 아이디어의 핵심적인 문제는 이러한 문화적 선택을 간단히 간과해버린다.

셋째, 책무성의 개념이다. 저자는 책무성이란 개념 자체에는 문제가 없지만 다른 요인과 결합되면서 전문적이고 민주적인 책무성 개념이 기술-관리적 책무성으로 바뀌었다고 지적한다. 우리가 평가를 염두에 두고 학습을 하게 되면 평가 대상이 되는 내용 위주로 학습을 하게 되듯이, 저자는 소위 감사를 전제로 한 기술-관리적 책무성 문화는 교육의 목적에 대한 진지한 사유를 수반한 교육보다는 감사 항목에 맞춘 교육의 실천에 주력하게 함으로써 오히려 교육 활동의 질을 떨어뜨릴 수가 있다고 판단하는 것으로 보인다. 그러므로 책무성에 대한 기술-관리적 접근은 자신의 행위와 활동이 초래할 결과에 대해 책임을 질 기회를 잠식한다. 저자는 전문적이고 민주적인 책무성 개념을 이와 같은 기술-관리적 책무성으로 전환하게 한 요인 중에서 중요한 것으로 신자유주의를 지적한다. 신자유주의는 정부와 시민이 공동선에 대해 함께 관심을 갖는 관계를, 공급자로서의 국가와 공공 서비스 소비자로서의 납세자 간의 관계로 바꾸어 놓았다. 말하자면 공공성에 대한 관심을 경제성으로 바꾸어버린 것이다. '무엇이 좋은 교육인가'라는 물음은 교육을 공적 영역으로 볼 때는 제기될 수 있지만 수요 공급의 경제적 영역으로 보게 되면 효율성과 효과성에 대한 관심에 우선순위를 두게 된다.

우리나라에서도 부모의 자녀 학교 선택권과 관련하여 학교에 대한 책무성의 요구가 있는 것이 사실이다. 특히 고등학교의 유형을 다양화하고 고등학교의 제반 정보를 투명하게 공개하는 것이 학교의 책무성을 높인다는 목소리들이 있는데, 이러한 요구는 평준화 정책에 대한 비판과 궤를 같이한다. 저자는 엡스타인Debbie Epstein의 주장을 원용하여 부모의 선택이라는 개념과 학교가 부모에게 책임을 져야 한다는 생각은 형식적으로는 민주주의의 기회를 나타내는 것으로 보이지만 실상은 보수적 해석에 대해 헤게모니를 부여한다고 진단하고 있다. 선택에 대한 부모의 요구가 보다 많은 이들의 참여를 통해 민주적으로 숙고한 후에 나온 것이 아니라면 그 자체만으로는 민주적이라고 할 수 없다고 비판하고 있다. 부모의 선택은 단지 "경제적, 사회적 자본이 문화적 자본으로 바뀌는 결과를 초래할 뿐"이기 때문에 이러한 상황에서 부모의 선택은 단지 현존하는 불평등을 재생산할 따름이라는 것이다. 간단히 말하면 부모의 선택권 요구 자체는 문제가 없지만 학교교육을 공공의 영역이 아닌 사적인 이해관계의 영역으로 접근할 때는 교육을 왜곡시킬 수가 있다는 것이다.

저자는 책무성의 문화가 바로 앞에서 설명한 증거기반 풍토와 관련이 있다고 주장한다. 앞에서 설명했듯이 증거기반 풍토에서는 객관적 검증이 가능한 것만을 가치 있다고 판단한다. 이런 풍토가 교육현장을 지배하면 교사는 증거에 잡히지 않는 교육 활동보다는 객관적 검증이 가능한 교육 활동에 주력할 수밖에 없게 된다. 그런데 교육 활동 중에는 단기간에 그리고 양적으로 쉽게 검증하기 어려운 활동들이 상당히 많이 존재한다. 그리고 이런 활동들은 객관적 검증의 척도에는 잡히지 않지만 교육에 대한 신뢰를 높이는 데 크게 작용하는 것도 사실이다. 만일 학교가 학생의 인성이나 인격과 같이 손에 잡히지 않는 영역은 도외시하고 교과 지식의 전달에만 치중하거나 교사가 소위 교원능력개발평가의 척도만을 염두에 두고 학생을 지도한다면 어떻게 될까?

책무성과는 달리 책임감은 객관적 증거, 원칙이나 규칙, 명료성보다는 오히려 불명료성, 사태의 모호성과 애매성, 미래에 대한 불투명성과 어울리는 개념이다. 우리가 어떤 문제에 대해 책임을 진다는 것은 알 수 없는 미래에 대해 위험을 감수한다는 의미이다. 객관적 증거에 의해 미래를 예측할 수 있다면 그 증거가 요구하는 대로 주어진 과제를 충실히 수행하기만 하면 된다. 그렇지만 객관적 증거도 없고 사태가 어떻게 진행될지 확실히 알 수도 없다면 어떻게 해야 하는가? 아무 일도 하지 않는 것은 올바른 선택이 아니다. 교육을 포함하여 인간의 삶에는 불확실한 사건이 더 많이 발생하며 책임감은 이런 상황에서 요청되는 것이다.

또 하나, 저자는 책무성에 따라 주어지는 인센티브의 비교육적인 측면을 지적하고 있다. 책무성은 'if-then'의 형식을 따르는데, 책무성에서 요구하는 과제를 효과적으로 달성하면 그에 걸맞은 보상을 제공하는 것이다. 저자의 진단에 따르면 이러한 인센티브는 책무성 시스템에 적합한 행동, 즉 감사관과 품질 보증 책임자가 원하는 행동을 이끌어낼 뿐 전문적이고 책임 있는 행동에 대한 인센티브로 작용하지는 않는다. 따라서 이러한 책무성의 문화는 애초의 기대와는 달리 공공 서비스의 '소비자(학생)'에게 해로운 상황을 초래할 수 있다. 가령 학교가 높은 성취도에 대해 보상을 받는다면 학교는 점점 더 '의욕적인' 부모와 '유능한' 자녀를 유치하려고 노력할 것이고 학업 수행이 '힘든 학생들'을 배제하려 할 것인데, 이는 결국 학교가 학생들을 위해 무엇을 할 수 있는지가 아니라 학생들이 학교를 위해 무엇을 할 수 있는지를 묻는 결과를 야기할 수 있다는 것이다. 이 모든 것은 결국 교육의 목적에 대한 물음을 포기하고 효과성 및 효율성만을 추구함으로써 빚어지는 문제이다.

저자는 교육의 목적에 대한 물음을 회복하기 위해서는 학생의 외부에서 부과되는 자격화와 사회화를 넘어 개개인이 세상에서 유일한 존재로 탄생함으로써 자신과 세상을 변화시키는 개념으로서의 주체화를 추구할 수 있게 해야 한다고 주장한다. 모든 학생이 외부에서 제시되는 목적만을 추구해야 하는 것이라면 어떤 교육을 추구할지, 혹은 그래야 하는지에 대한 물음은 의미가 없기 때문이다. 주체화로서의 교육이 추구하는 목적은 교육의 효과성과 효율성 일변도의 관심에서 탈피하여 교육의 공공성을 묻게 하는 하나의 방향성이라 할 수 있다.

근대 교육은 휴머니즘의 차원에서 자율적이고 합리적인 인간 육성을 추구했다. 일찍이 칸트Immanuel Kant는 교육의 이론적 근거를 '스스로 동기를 부여하고 자기 주도적으로 될 수 있는 고유의 잠재력을 지닌 특정 주체'라는 개념에 기초를 두고 이 주체들이 충분히 자율적이 되고 개별적이고 의도적인 행위를 행사할 수 있도록 이러한 잠재력을 유발하거나 풀어놓는 것을 교육의 과제로 보았으며, 이는 근대 휴머니즘의 중요한 기준점이 되었다. 그렇다면 저자의 주체화 개념은 이러한 휴머니즘의 연장선상에 있는가?

휴머니즘의 역설

인간의 본질을 합리적 존재로 보고 교육을 통하여 이를 구현할 수 있다고 한 칸트의 교육 사상은 대단히 매력적으로 보이지만 개인의 선택권을 인정하지 않았다는 점에서 휴머니즘의 역설을 드러내는 사례가 된다. 근대 휴머니즘은 아이, 학생 또는 새로 오는 자에게 자신이 누구이며 앞으로 어떤 사람이 될 것인지 보여줄 기회를 주기도 전에 그들이 무엇이 되어야 하는지를 규정했다. 저자에 따르면 이러한 형태의 휴머니즘은 새로 오는 자들이 인간답게 된다는 것이 무엇을 의미하는지에 대해 스스로 선택할 수 있는 가능성을 열어놓지 않았다. 이런 상황에서의 교육은 일종의 사회화로 귀결될 뿐이다. 따라서 칸트의 휴머니즘은 출발도 하기도 전에 종료된 셈이다. 교육의 관점에서 볼 때 근대 휴머니즘은 인간성이 실제로 '구체적인 형태'로 현실화되기도 전에 인간답게 된다는 것이 무엇을 의미하는지에 대한 규범을 미리 규정해버림으로써 이러한 규범과 다른 길을 걷는 인간을 억압하는 결과를 초래했다. 근대 이후에 역사적으로 벌어졌던 대형 비인간화 사건, 예를 들면 러시아 혁명, 파시즘, 히틀러주의, 세계대전, 캄보디아 킬링필드에서 벌어진 대량 학살 등은 어떤 기준에서 인간의 본질을 미리 규정한 다음 그 규정에 어긋나는 인간들을 인간의 범주에서 제외함으로써 발생했다. 그러므로 저자가 주장하는 교육의 목적으로서의 주체화는 인간의 본질을 선험적으로 규정하는 것에 반대한다. 저자에 따르면 인간은 개개인이 유일한 존재로 탄생하고 스스로 자신을 만들어나가는 존재이지, 탄생하기도 전에 미리 그 표준을 미리 결정할 수 있는 존재가 아니기 때문이다. 이러한 문제는 일찍이 실존철학에서도 강조해서 지적했던 것이지만 우리나라에서는 실존철학을 포함해서 외국의 여러 사상적 조류를 소개하면서 스쳐 지나갈 뿐 우리의 현실에 뿌리내려 싹을 틔우도록 하는 일은 소홀히 한 경향이 없지 않다.

그런데 주체화가 개개인을 표준화된 존재가 아니라 세상의 유일한 존재로 탄생하도록 하는 것이라면 이는 인간을 타자와 관계없이 개별적으로 살아가는 존재로 보는 것은 아닐까? 저자는 아렌트Hannah Arend 사상의 분석을 통하여 주체화 교육은 개인에 머무는 것이 아니라 세계로 출현하는 것이어야 한다고 주장한다.

세계로의 출현Coming into the World

아렌트는 인간의 활동적 삶을 **노동, 작업, 행위**의 세 가지 유형으로 구분한다. 노동은 인체의 생물학적 과정에 해당하는 활동이다. 그것은 생명을 유지할 필요성에서 비롯되며 생명의 유지에만 집중한다. **작업은** 인간이 적극적으로 환경을 변화시키는 방식과 관련이 있으며, 이를 통해 지속성을 특징으로 하는 세계를 창조한다. 주체성과 관련이 있는 활동적 삶은 **행위**이다. 아렌트에게 있어서 행위한다는 것은 우선 주도적이 되는 것take initiative, 즉 뭔가 새로운 것을 시작하는 것, 다시 말하면 새롭게 탄생하는 것을 의미한다. 인간은 누구나 탄생을 통해 그들이 살고 있는 세계로 들어서며 세계 안에서 인간은 자신의 삶을 새롭게 '시작'한다. 그래서 그녀는 인간의 특징을 시작initium으로 정의한다. 따라서 교육의 본질은 탄생성이다. 교육은 세계를 있는 그대로 존속시키는 것이 아니라 탄생을 통해 지속적으로 새로워지는 이 세계를 위해 책임지는 일이다. 새로운 것은 물리적인 탄생의 순간에만 출현하지 않는다. 우리는 **말**과 **행위**를 통해서도 끊임없이 새로운 시작을 세계 속으로 가지고 온다. 이것이 교육이다. 인간은 교육을 통해서 매순간 새로운 모습으로 다시 태어나며 그 모습은 이 세상 누구하고도 같지 않다.

교육의 과정에서 누군가로부터 이러한 유일성을 인정받지 못하는 경우 학생은 온몸과 마음으로 소외를 체험한다. 이것이 배움에서 멀어지는 중요한 이유이다. 반면에 교사가 학생 개개인의 주체적 탄생, 즉 유일성을 보고 인정할 때 학생은 다시 배움에 눈을 돌린다. 이것은 방법의 문제가 아니다.

그러나 아렌트에 따르면 우리는 말과 행동을 통해 새로운 탄생을 하고 유일성을 드러내지만 모든 것은 타인이 우리의 이니셔티브를 어떻게 받아들이느냐에 달려 있다. 타인은 예측할 수 없는 방식으로 우리의 주도성에 응답한다. 비록 이것은 우리의 시작을 좌절시키지만, '우리가 행하는 것에 대해 유일한 주인으로 남을 수 없다'는 사실은 동시에 우리의 시작이 세상으로 출현할 수 있는 유일한 조건이라고 아렌트는 거듭해서 강조한다. 이렇게 불가능성이 곧 가능성의 조건이 된다는 것은 곧 아포리아의 상황이라 할 수 있다.

아포리아aporia

모든 교육의 문제를 제도적으로 접근할 수 있도록 해 주기를 바라는 목소리들이 있다. 가령 학교에서 교사가 평가와 관련해서 겪는 제반 갈등을 비롯하여 지금도 해결의 기미를 찾기 어려운 학교폭력의 문제 등을 제도적으로, 정책적으로 해결해 주기를 바라는 것이다. 이런 문제들로 많은 고통을 받고 있기 때문에 여기에서 벗어나기를 바라는 것은 지극히 당연한 요구일 수 있다. 그러나 안타까운 것은 교사들의 이런 요구가 아니라 이에 대한 정책당국의 대응이 너무나 직접적이고 직선적이라는 것이다. 교사들이 궁극적으로 요구하는 것이 무엇인지에 대한 성찰 없이 그런 요구를 직선적으로 정책에 반영하는 것은 결코 문제 해결의 길이 될 수 없다. 교육의 과정에서 발생하는 모든 문제를 제도나 정책, 규정으로 해결하려는 것은 교육의 영역을 위축시키기 때문이다. 명확하고 손쉬운 해결책은 더 많은 문제를 야기한다는 것을 우리는 수없이 목격해 왔음에도 문제가 발생하면 같은 정책 당국은 실수를 반복하는 경향이 있다.

교육이 규칙, 원칙, 법칙대로 이루어지는 것이라면 책임감은 존재하지 않는다. 규칙대로 실행만 하면 되기 때문이다. 규칙과 원칙대로 실행되도록 하는 것은 책무성이다. 교육을 책무성의 개념으로 설명한다는 것에는 모든 교육 활동이 원칙과 규칙대로 이루어진다는 가정이 들어 있다. 그러나 규칙과 원칙대로 실행되는 교육의 모습을 현실에서 찾을 수 있는가? 바우만Zygmunt Bauman에 따르면 규칙과 원칙을 찾는 데에만 모든 정책적 노력을 집중한다는 것은 근대성의 사고 틀에 갇혀 있음을 드러내는 것이다. 세계가 규칙대로 돌아간다는 생각은 선형적 프레임이다.

아포리아란 원래 사물에 관하여 해결의 방도를 찾을 수 있는 통로나 수단이 없어 길이 막힌 난관을 의미하며 일반적으로는 해결이 곤란한 문제를 가리키는 말이다. 소크라테스는 대화의 상대를 아포리아에 빠뜨려 무지無知를 자각시켰으며, 아리스토텔레스는 아포리아에 의한 놀라움에서 철학이 시작된다고 하였다. 저자는 바우만이 말한 아포리아의 개념을 원용하여 책무성이 아닌 책임의 가능성을 입증한다. 이와 관련해서 다시 저자의 논의로 돌아가 보자.

바우만은 근대를, 도덕적 행동으로 간주되는 것을 "명료화하고 규정하며 코드화하는 것"이 가능하다고 가정되는 시대로 특징짓는다. 이것은 확실성이 가능하다는 믿음, 곧 아포리아에 대한 불신을 의미한다. 바우만은 역으로 이런 믿음에 대한 불신을 탈근대(포스트모더니즘)의 특징으로 본다. 말하자면 탈근대는 아포리아를 인정하는 관점이다. 모든 문제를 규칙으로, 제도로 해결할 수 없고 또 그래서도 안 된다는 것이다. 이것이 새로운 도덕, 곧 탈근대의 도덕이다. 책임은 모든 것을 규칙대로 완수해야 한다는 요구에서는 성립하지 않는다. 책임은 규칙이 지배하지 않는 자율의 영역이 존재한다는 전제에서 성립하는 개념이다. 저자의 주장에 따르면 규칙은 보편적일 수 있지만, 책임은 '성격상' 보편적이지 않으며 유일하고 독특하다. 이 지점에서 주체화는 책임과 협응한다. 모든 교육의 문제를 제도적으로 규칙과 원칙에 의해서 해결하려 한다면(즉 책무성으로 접근한다면) 겉으로는 깔끔한 해결책이 나올 것 같지만, 거기서는 교육 활동에 수반되는 (또는 되어야 할) 창발이나 뿌듯함, 보람 따위는 설 땅을 잃는다. 자율적 선택의 기회가 사라지기 때문이다.

그런데 교사들이 제도적 해결책을 요구하는 것은 하루하루의 일과가 너무 힘들기 때문이 아닌가? 완벽한 해결책보다 불완전한 해결책이 더 낫다는 것인가? 어떤 대응이 교육적인가? 이에 대해 정책당국이 해야 할 일은 제도적 장치를 완벽하게 마련하여 교사들의 선택에 대한 부담을 제거하는 것이 아니라 교사들의 선택에 따른 위험을 줄여 주거나 위험으로부터 보호해 주는 일이 되어야 할 것이다. 그러나 저자는 교육 활동에 수반되는 위험을 완전히 제거하는 것은 교육적이 아니라는 입장을 취하고 있다. 저자에 따르면 교육은 본질적으로 도처에 위험이 도사리고 있는 인간 활동이다. 위험을 회피하려고 하는 것은 인간의 본능일지 모르지만 위험을 철저히 회피하면 교육의 생명 또한 상실한다. 이것 또한 교육의 아포리아이다. 이와 관련하여 저자가 교육을 아름다운 위험[4]이라 한 것은 교육의 본질을 정확하게 짚은 것으로 여겨진다. 교육은 다소간 위험이 수반되는 활동이고 위험을 철저히 회피하면 주체화 또한 상실된다. 규칙과 원칙, 제도는 물론 중요하지만 여기에 얽매이면 창발 또한 실종된다. 서문의 에피소드에 제시된 상황을 어떤 약속이나 규칙을 세워(제도적으로) 해결하려고 했다면 그와 같은 아름다운 해결책을 찾을 수 있었을까? 이 부분은 저자의 해체 사상을 읽을 수 있는 대목으로 보인다.

멈춤의 교육

저자의 독특한 철학적 사유가 묻어나는 개념 중의 하나가 '멈춤의 교육pedagogy of interruption'이다. 저자의 표현에 따르면 멈춤의 교육이란 교육의 모든 차원을 포괄하는 것이 아니라, 특히 주체화에 중점을 두는 개념이다. 목적에 대한 성찰이 없이 효과적이고 효율적인 목표 달성에만 관심을 두는 교육에서는 멈춤이 불필요할뿐더러 이를 용납하지도

---

4 Biesta, G. J. J.(2013). *The Beautiful Risk of Education.* Paradigm Publishers.

않는다. 뒤를 볼아 볼 틈이 없이 앞만 보고 달려야 하기 때문이다. 혹시 교사들과 학생들이 교육 활동 속에서 '번 아웃'되는 원인이 멈춤의 부재에 있는 것은 아닐까? 멈춤은 '왜 이 일을 하고 있지?' 하는 의문이 고개를 들 때 필요한 일종의 성찰 행위라고 볼 수 있다. 밤의 수면 시간에 낮의 경험들이 뇌 속에서 정리되듯이 멈춤은 낭비가 아니라 배움의 균형과 질서를 잡아나가는 과정이라 볼 수 있다. 멍한 상태에 창의적인 생각이 떠오르듯이 멈춤의 교육은 창발의 계기가 될 수 있을 것이다.

저자에 따르면 멈춤의 교육은 '표준적인' 질서의 중지 가능성을 열어 두는 것을 목표로 하는 교육이다. 제도교육은 표준적인 질서에 의해 운영된다. 이 질서 내에서 이루어지는 행위는 인정을 받지만 이를 넘어선 행위는 무시되거나 제재를 받는다. 이를 당연한 것으로 받아들이면 주체화의 실현은 어려워진다. 주체화는 표준적인 질서의 경계를 넘나드는 데서 실현되기 때문이다. 따라서 앞서 아포리아에서도 언급했듯이 주체화에는 다소간 위험이 수반이 될 수 있다. 저자는 *The Beautiful Risk of Education*에서 이 문제를 집중적으로 다루고 있기도 하다.

우리가 듣는 목소리에는 대표적인 목소리가 있고 자신만의 목소리가 있다. 대표적인 목소리는 표준적인 질서의 한계 내에서 듣는 목소리이다. 이 목소리는 내용만이 중요할 뿐 누가 목소리를 내는지는 전혀 중요하지 않다. 예를 들면 교육 활동에서 교과서의 지식을 전달하는 것이 유일한 목표라면 누가 전달하든 그것은 중요하지 않다. 인간적으로 잘 아는 학교 교사가 전달하든 인터넷 강사가 하든 지식만 잘 설명하여 전달하기만 하면 된다. 그러나 엄마 품이 그리운 아이에게는 누가 보살펴 주느냐가 대단히 중요하다. 엄마를 대신할 자는 세상에 존재하지 않는다. 대표적인 목소리는 대체가 가능하지만 자신만의 목소리는 대체가 불가능하다. 사실은 교육 활동에서도 교사의 말투, 몸짓, 무심코 혹은 은연중에 내뱉은 말, 본보기 등에 따라 학생이 배우는 것은 달라진다는 주장이 있다.[5] 교사의 이런 요인은 표준화될 수 있는 것이 아니다. 주체화라는 교육의 목적은 표준적인 목소리가 아닌 목소리도 귀 기울여 들을 때만 실현되는 교육적 가치라고 할 수 있다. 그럴 수 있으려면 표준적인 질서에 의해서 진행되는 교육 활동을 순간순간 멈추는 일이 요청된다. 대표적인 목소리가 아닌 것은 멈춤이 없으면 소음으로 밖에 들리지 않는다. 그래서 저자는 멈춤의 교육이란 '표준적인' 질서의 중지 가능성을 열어 두는 것을 목표로 하는 교육이라 한 것이다. 우리 곁에는 수많은 이방인이 존재한다. 나 자신이 주류 집단에서 배제되어 때로는 이방인이 되기도 한다. 늘 소음으로 취급받던 자신의 목소리를 어느 교사가 인정해 주어 인생 항로가 바뀌었다는 고백은 멈춤의 교육이 얼마나 중요한지를 생생하게 보여준다. 그러나 소음을 목소리로 인정하는 데에는 다소의 위험이 수반된다. 이것은 제도화의 틀에서 벗어나 있기 때문이다. 저자에 따르면 유일성과 주체성은 만들어질 수 있는 것이 아니다. 유일성은 특정한 교육적 개입이나 특정 교수법에 의해 보장될 수 있는 결과가 아니다. 따라서 유일성과 주체성은 강력한 교육으로 실현할 수 있는 교육적 가치가 아니다. 이와 관련하여

---

5   Oakeshott, M.(1989). *The Voice of Liberal Learning.* Foreword and Introduction by T. Fuller. Yale University Press.

저자는 다음과 같이 정리하고 있다.

> 멈춤의 교육은 '강력한' 교육이 아니다. 어떤 의미에서 그것은 '성과'를
> 보장할 수 있는 교육이 아니다. 오히려 주체화의 문제에 있어서 교육
> 의 근본적인 연약함weakness을 인정하는 교육이다. 인간의 주체성이 어
> 떤 식으로든 교육적으로 만들어질 수 있다는 생각을 포기할 때만 유일
> 성이 세상에 들어오는 공간이 열릴 수 있기 때문에 교육의 존재론적
> 연약성은 동시에 교육의 실존적 강점이 된다(p. 132).

표준적인 질서 속에서는 개인이 발화하는 목소리의 유일성이 들리
지 않는다. 한 학급에 속해 있는 20명의 학생이 내는 목소리는 표준적
인 질서에 합당할 때만 목소리로 인정을 받는다. 표준적인 질서에서
벗어난 목소리는 엉뚱한 소리 혹은 소음으로 처리된다. 이 엉뚱한 소리
를 내는 학생은 그 순간 다른 공동체에 속해 있다고 볼 수 있다. 일종의
이방인이 되어 있는 것이다. 이때 교사와 다른 학생들이 어떤 반응을
보이느냐에 따라 이 학생의 따돌림 여부가 결정되기도 한다. 이와 관련
하여 저자는 에마뉘엘 레비나스Emmanuel Levinas의 작품을 영어로 번역한
알폰소 링기스Alphonso Lingis의 텍스트 『아무것도 공유하지 않은 자들의
공동체The community of Those who have Nothing in Common』를 끌어들여 주체성과
유일성에 관한 논의를 정리하고 있다.[6]

---

6   이 주제를 상세히 다룬 저자의 또 다른 저서에서 해당 부분을 아울러 참고함. Biesta, G. J.
    J.(2006a). *Beyond Learning*. 박은주 옮김(2022). 『학습을 넘어』. 교육과학사.

링기스의 텍스트에 따르면 흔히 공동체란 어떤 공통점을 갖는 다수에 의해 구성되는 것으로 이해된다. 링기스는 이런 공동체를 "합리적 공동체"로 정의했다. 합리적 공동체에서 우리는 교환 가능하기 때문에 **무엇**what을 말하는지가 중요하지 **누가**who 말하는지는 중요하지 않다.[7] 그러나 합리적 공동체의 바깥, 즉 아무것도 공유하지 않은 자들의 공동체에서는 누가 말하는지가 중요하다. 예를 들면 임종을 앞둔 사람과 함께하는 실존적 상황에서는 그가 하는 말의 '내용'이 아니라 다른 사람이 아닌 '그'가 함께 한다는 사실이 중요하다(무슨 말을 할 수 있겠는가!).

교육에는 학습을 지식이나 가치, 기술과 같이 학생의 외부에 있는 것을 **습득**하는 것으로 보는 방식도 있지만 낯설고 다른 것, 도전적이고 성가시고 심지어 방해하는 것에 **응답**하는 것으로 보는 방식도 있다. 후자의 학습은 창조와 발명이자, 이 세계에 새로운 어떤 것을 가지고 오는 과정이 된다. 학교의 가장 두드러진 기능은 아이들과 학생들을 합리적 공동체로 입문시키는 것임을 부인할 수 없지만 링기스와 저자의 논의에 따르면 그것만이 전부가 아니며 다른 공동체가 존속할 수 있는 가능성을 열어주는 것이어야 한다. 그렇다면 합리적 공동체의 '밖에 있는' 이들과 공존할 수 있는 방식은 무엇인가? 합리적인 공동체의 '안'에 있는 이들이 '밖에 있는' 이들을 끌어들여야 하는가? 이 물음은 정치의 문제와 연결되어 있다.

---

7   여기서 '무엇'과 '누구'는 영어에서 그 사람의 직업을 묻는 "What are you?"와 그 사람만의 개별적인 특징을 묻는 "Who are you?"의 물음에 대응된다. "What are you?"에 대해 "나는 학생이다"라고 응답했다면 구체적으로 어떤 학생인지는 관심의 대상이 아니다.

교육과 민주주의, 그리고 포용의 문제

몇 년 전 탈북학생들의 이야기를 듣는 자리에 참석한 일이 있다. 한 학생이, 왜 충청도나 경상도 사람들은 자기네 고향 방언을 자유롭게 사용하는데 탈북민들은 그렇지 못하는가 하는 불만을 토로했다. 우리는 언어 사용에서부터 모든 이방인들을 동등하게 대우하지 않는다. 특정 국적의 외국인들은 거리낌 없이 자기네 언어로 대화를 하지만 탈북민들은 고향 언어의 공개적인 사용을 가급적 피하려는 경향이 없지 않다. 그들은 언어 사용에 있어서 스스로 자기검열을 하고 있는 셈이다.

민주주의에서 포용의 문제를 이해하는 방식에는 두 가지 논리가 있다. 하나는 내부자가 외부의 타자를 끌어들이는 인사이드 아웃inside-out의 논리로 이해하는 것이고, 다른 하나는 외부자가 주체적으로 기존 질서의 변화를 추구하는 아웃사이드 인outside-in의 논리로 이해하는 것이다. 저자는 랑시에르Jacques Rancière의 주장에 바탕을 두고 후자의 입장에서 이 포용의 다루면서 아직 민주주의 영역에 들어와 있지 않은 사람들을 기존의 민주주의 질서로 포용하는 것은 민주화를 식민주의 방식으로 이해하는 것이라고 비판한다. 포용의 노력을, 배제된 것으로 알려진 사람들을 껴안는 것으로 제한한다면 이는 민주주의를 기존 질서 안에서만 운영하는 것이다. 랑시에르에게 있어서 민주화는 다른 사람들에게 베푸는 것이 아니라 사람들이 오로지 스스로 성취할 수 있는 것일 뿐이라고 하면서 이것을 해방의 문제와 연결시킨다. 그에 따르면 해방은 "소수자의 위치에서 탈출하는 것"을 의미하지만 "스스로의 노력이 없으면 어느 누구도 사회적 소수자의 위치로부터 탈출할 수 없다"고 주장한다. 랑시에르는 민주적 포용을, 기존 질서에 더 많은 사람을 추가하는 것이 아니라 필연적으로 그러한 질서의 변형을 수반하는 과정으로 이해해야 한다는 것을 말해준다. 이러한 관점에서 보면 민주화는 이 질서 안에서는 표현하거나 드러낼 수 없었던 공간에서 기존 질서를 해체하는 과정이다.

저자는 교육의 경우에도 전 합리적prerational이고 전 민주적predemocratic 단계에서 미래에 민주주의에 참여하기 위한 진입 조건을 충족시키는 단계로 나아가는 것을 촉진함으로써 아이들과 '새로 오는 자들'을 기존의 민주적 질서에 끌어들이는 것은 진정한 민주주의 교육이 될 수 없다고 주장한다. 따라서 진정한 민주주의 교육을 하려면 교육자들은 학생들에게 '훌륭한 민주주의자'가 되라고 가르칠 것이 아니라 민주화가 '일어나는' 예측할 수 없는 순간에 학습 기회를 활용하고 지원하는 역할을 해야 한다. 저자는 민주주의를 가르치려는 시도를 중단함으로써 (혹은 멈춤으로써)[8] 그러한 순간들이 일어날 수 있다고 본다.

남북한의 특수한 상황으로 인해 현재 탈북학생들은 사실 자신의 정체성에 대해 적극적인 자세를 지니지 못하고 있는 경우가 많다. 이 점에서 오히려 다문화 학생들보다 더 불리한 위치에 있다고 볼 수도 있다. 저자의 관점을 받아들인다면 탈북학생들에게 추상적으로 민주주

---

8 여기서 저자의 민주주의를 '가르치는 것'은 민주주의 발전에 도움이 안 된다는 논리는 민주주의를 지식 전달하듯이 가르치는 것에 대한 비판이라고 볼 수 있다. 저자는 아래 저서에서 랑시에르의 주장을 빌려 '설명'의 논리를 집중적으로 비판하고 있기도 하다. Bingham, C. & Biesta, G. J. J.(2010). *Jacques Ranciere: Education, Truth, Emancipation.* Continuum. 이민철 옮김(2023). 『교육의 평등, 제3의 길: 자크 랑시에르의 시선』. 씨아이알.

의에 관해서 가르치는 것보다 일상에서 마주하는 작은 영역에서 주체적으로 살아가는 경험을 할 수 있는 기회를 부여하는 것이 더 중요하다고 볼 수 있다.

알고리즘을 넘어선 교육

이 번역서의 부제를 "알고리즘, 그 이상의 교육"으로 정한 데에는 근래 인공지능과 관련하여 '알고리즘'이라는 용어가 대중 매체에 자주 오르내리게 된 현상을 넘어선 출판사 편집진과 번역자 나름의 고민이 담겨 있다. 우리 사회에서 '알고리즘'이란 용어가 대중화된 계기는 이세돌 9단과 인공지능 '알파고'의 대결이 아닌가 한다. 그러나 '알고리즘'이란 용어는 9세기 페르시아의 수학자인 알-콰리즈미에서 유래했다고 한다. 이 용어는 문제를 해결하기 위한 절차나 방법을 의미하는 단어로 넓은 범위에서 사용되어 왔다. 저자는 6장 '교육, 민주주의 그리고 포용의 문제'에서 민주주의 모델을 논의할 때 '알고리즘'이라는 용어를 사용하고 있다. 민주적 의사결정에는 집계 모델과 숙의 모델이 있는데 집계 모델에서는 참여가 거의 없으며 의사결정은 주로 '알고리즘'에 의해서 이루어진다는 것이다. 여기서 말하는 알고리즘은 문제를 해결하기 위해 정해진 절차 정도의 의미일 것이다. 저자에 따르면 집계 모델에서는 주어진 안건에 대한 지지자와 반대자의 수에 따라 의사결정이 결정되기 때문에 결론을 사전에 쉽게 예측할 수 있다. 반면에 숙의 모델에서는 훨씬 더 강력한 교육적 가능성이 있는 것으로 보이는데 이에 따르면 '정치행위자들은 선호와 관심을 표현할 뿐만 아니라, 포용적 평등의 조건에서 이들 간의 균형을 어떻게 맞출 것인가에 대해 서로 교감을 나눈다'(pp. 165-167). 그러므로 숙의 모델에서는 선호와 관심 외에 이들 간의 균형을 맞추는 문제가 중요한 고려사항이 되기 때문에 의사결정의 결론을 사전에 예측하기가 훨씬 어렵다.

저자 소개에서 짐작이 되겠지만 비에스타Gert J. J. Biesta는 유럽 대륙과 영미 철학을 넘나들면서 다양한 철학자들을 교육으로 소환하여 자신의 주장을 펴는 역작들을 생산하고 있다. 어떤 해에는 논문 외에 단행본만 3권을 쓴 적도 있다. 저자의 논문들과 저서들을 읽어 보면 일관되게 흐르는 맥을 찾을 수 있는데 그것은 바로 교육이란 누군가 계획한 대로 진행되는 것이 아니라는 사실이다. 가르침이 어떤 배움을 낳을지 사전에 예측하기가 어렵다는 점에서 교육은 알고리즘을 초월해 있는 영역이라는 것이 저자의 일관된 생각이다. 교육은 가르침과 배움, 그리고 교육내용으로 구성되어 있는데 교육의 과정에서 이들 간의 관계가 어떻게 이루어질지 사전에 예측하는 것은 어렵다고 볼 수 있다. 이런 어려움을 무시하고 무리하게 가르침과 배움을 일치시키려고 한다면 교육의 핵심목적인 주체화는 설 땅을 상실하게 된다는 것이 저자의 일관된 생각이다. 알고리즘에 따른 기계적 판단에 대한 비판적 태도는 교육과 정치 등 저자의 관심 영역 전반에 스며 있다.

그러나 저자는 가르친 대로 배움이 일어나지 않는 것을 극복해야 할 교육의 문제로 보지 않고 오히려 자유와 해방의 가능성을 열어주는 조건으로 보고 있으며 그 중심에 '주체화'로서의 교육이 있다. 우리는 흔히 교육의 목적이라 하면 교육활동이 도달해야 할 종점이라고 생각하는 경향이 있지만 저자에 따르면 주체화를 추구하는 교육은 주체를 교육적으로 만들어내는 일에 관한 것이 아니라 아이나 젊은이의 주체성이 '작동'하도록 하는 것, 아이나 젊은이가 주체로서의 존재 가능성을 잊지 않도록 지원하는 것이다. 이 책에서 저자가 주체화의 사례로 제시한 미국의 인권운동가 로자 파크스는 '적극적인' 제도교육을 통해서 흑인의 인권운동에 눈을 뜬 사람이 아니다. 오히려 파크스와 대척점에 서 있는 사람의 사례로 제시하고 있는 유대인 학살의 실무 총책임자 아돌프 아이히만은 당시 정권의 가르침을 충실히 받아들인 사람으로 그려진다.

우리 식의 용어로 표현하면 저자는 교육을 '깨지기 쉬운 달걀' 같은 것으로 보는 것 같다. 역설처럼 들릴지 모르지만 가르침과 배움을 일치시키려는 '강한' 교육은 교육이 추구하는 본연의 가치를 실현할 수 없다는 것이 저자의 판단이다. 학생이 자유로운 사고를 철저히 통제하는 것이기 때문이다. 그렇다고 학생이 원하는 대로 교육을 해야 한다는 것은 저자의 생각과 거리가 한참 멀다. 저자가 개입의 교육 혹은 '멈춤'의 교육을 주장하는 근거는 여기에 있다. 말하자면 관례대로 수행되는 교육을 순간순간 멈추지 않으면 파크스는 나올 수 없고 아이히만만 산출될 위험이 있다는 것이다. 교사의 임무는 이 점에서 아무 의심 없이 진행되는 교육을 잠시 멈추도록 개입하는 것이다. 그렇다고 저자가 역사적으로 존재했던 아동중심교육을 지지하는 것은 아니다. 오히려 저자는 교사의 가르침이 필연적으로 요청된다고 보는 점에서 근래 교육의 담론을 지배하고 있는 배움중심교육에 대해서 거리를 두고 있다.

언제부터인가 교육자들과 교육이론가들은 학습자 중심과 교사 중심을 대척점에 있는 것으로 간주해왔으나 저자는 이러한 이분법을 거부하고 있다. 그렇다고 양쪽을 적당히 버무리는 것도 아니다. 저자는 학습자 중심 혹은 배움 중심과 교사 중심 혹은 전달 중심과는 다른, 가르침과 배움은 단순한 인과관계로 연결될 수 있는 것이 아니라는 '블루오션'의 관점을 개척하고 있다. 저자가 소위 측정을 통해 교육의 성과를 판단하려는 저간의 풍토를 강하게 비판하는 것은 이러한 풍토로 인해 가르침과 배움이 인과관계로 연결되어 있지 않다는 사실이 무시되고 있기 때문이다. 모든 교육의 성과를 소위 객관적인 측정방법을 통해서 판단하려고 하게 되면 교육이 지닌 풍요로운 가치가 지극히 협소한 것으로 쪼그라든다는 것을 저자는 강조하고 있다. 교육은 어떤 법칙 혹은 '알고리즘'에 의해서 이루어지는 것을 넘어선 인간 활동이기 때문이다.

이상으로 이 책에 제시된 저자의 아이디어를 간략히 소개했지만 저자의 사상적 바탕은 상당히 광범위하다. 지은이 소개에 나와 있듯이 네덜란드에서 출생했지만 네덜란드만이 아니라 핀란드, 노르웨이, 스웨덴 등 북유럽과 영국, 미국 등 여러 나라에서 수학했고 교육과 연구의 경력을 쌓았다. 이러한 경력으로부터 받은 영향인지 사상적 바탕도 실존주의, 해체사상, 랑시에르 사상, 복잡성 철학까지 다양하다. 흥미로운 점 가운데 하나는 이러한 다양한 사상적 조류를 자신의 논의전개 과정에 자연스럽게 융합하고 있는 것이다. 이렇게 다양한 관점을 융합하여 오늘날 교육이 당면하고 있는 문제를 심도 있게 짚어나가는 저자의 텍스트를 우리말로 옮기는 일은 옮긴이가 온전히 감당하기 어려운 과제임을 처음부터 알고 있었지만 지난번에 번역한 저자의 텍스트『교육의 평등, 제3의 길: 자크 랑시에르의 시선』과 비교, 검토한 결과 저자의 사고에 연속성이 있음을 확인했고, 지난 번 번역서에 대한 반응이 어느 정도 긍정적인 편이어서 용기를 내기로 했다. 바쁜 일정에도 정성껏 원고를 검토해 주신 장영창 교수님을 비롯하여 복잡성교육학회 류선옥 선생님과 이준범 선생님께 심심한 감사를 드린다. 그럼에도 불구하고 곳곳에서 발견될 수 있는 오역과 부적절한 표현은 오로지 옮긴이의 실수와 역량 부족에서 빚어진 것이다. 이 번역서를 출판하기로 결정해 준 도서출판 씨아이알의 김성배 대표님을 비롯하여 번역 원고를 읽으면서 문장과 어휘 하나하나까지 꼼꼼히 살펴봐 준 신은미 팀장 등 출판사 관계자들에게도 고마운 마음을 전한다.

2023년 12월
이민철

감사의 말

독자의 입장에서 보면 책은 흔히 완결된 완제품으로 제시된다. 그러나 작가의 관점에서 볼 때는 항상 특정한 맥락 안에 위치해 있고 특정한 사건 및 경험과 연결되어 있다. 이 책도 예외는 아니다. 이 책을 쓰고자 마음먹게 된 계기는 전 세계의 다양한 교육 환경과 시스템에서 일하는 교사들과의 만남이었다. 나는 그들 중 많은 이들이 적어도 나만큼 교육에 열정을 가지고 있음을 알게 되었고, 삶의 상당 부분을 교육이라는 어려운 과제에 바치고 있음을 보았다. 그들은 종종 복잡한 상황에서, 특히 자신들의 교육적 직관과 전문적 판단에 따라 행동할 기회가 정책적 요구에 의해 심각하게 제한받을 때 이와 같은 헌신을 하고 있었다.

많은 교사들이 품질 지표와 성적표라는 추상적인 의미에서가 아니라, 그들이 가르치는 아이들과 청소년 및 성인들에게 교육이 무엇을 할 수 있는가라는 훨씬 더 구체적인 의미에서 교육의 질에 대해 염려하고 있지만 나의 경험에 따르면 교사뿐만 아니라 관리자, 교육을 지원하고 개발하는 일에 종사하는 사람들, 그리고 교육정책 입안자들은 때로 교육의 목적이 무엇인지, 좋은 교육이 무엇인지, 교육적으로 바람직한 것이 무엇인지에 대한 자신의 견해와 신념을 명확히 하고 정당화하는 데 어려움을 느끼고 있다. 나는 교육에 관련된 사람들이 그러한 판단을 할 수 없다고는 믿지 않는다. 나는 오히려 교육 분야에 종사하는 많은 사람들이 교육의 궁극적 목적에 대해 의문을 제기할 어휘가 결여되어 있을 뿐만 아니라 이와 관련하여 그러한 질문을 할 수 있는 실질적인 기회 역시 종종 부족하다는 결론에 도달했다.

이 책에서 제시하는 아이디어들은 "좋은 교육이란 무엇인가?"라는 질문을 던지기가 왜 더 어려워졌는지를 이해하려는 시도일 뿐만 아니라, 교육의 실천에서 더 중요한 위치를 지향하는 교육은 무엇인가라는 질문을 던지는 데 도움이 될 수 있는 논의 방식을 제안하기 위한 것이다. 내가 보기에 이는 사실 교육적인 언어의 개발과 직접 관련되어 있다. 최근에 매우 우세해진 학습 언어는 실제로 좋은 교육이 어떤 것인지에 대해 질문하는 것을 더 어렵게 만들었다고 믿기 때문이다.

비록 이 책에 소개된 아이디어들이 좋은 교육에 대한 논의를 완전히 종결지으리라 생각하지는 않지만, 나는 다양한 수준과 다양한 맥락에서 가르치는 일에 관여하는 사람들이 나의 주장에 응답하고 나의 통찰력과 아이디어 일부가 유용하다는 것을 알게 된 점에 고무되어 왔다. 나는 특히 나의 새로운 학문적 고향인 스털링 대학교University of Stirling의 교육연구소Institutes of Education 동료들과 학생들, 캐나다 위니펙 세븐옥스 교육청Seven Oaks School Division에서 영감을 준 사람들, 스웨덴의 외레브로 대학교University of Örebro과 멜라르달렌 대학교Mälardalen University 및 핀란드

오울루 대학교University of Oulu의 직원과 학생들에게 고마움을 전한다. 나는 교육적 관심사에 관해 그들과 많은 토론을 한 점에 대해 그들 모두에게 감사하고 싶다. 또한 나의 이전 및 현재의 박사 과정 학생들을 언급하고자 한다. 그들은 계속하여 헌신과 에너지 그리고 창조성으로 나를 고무시켜 주고 있다. 마지막으로 이 프로젝트를 신뢰하고 지속적으로 지원해 준 딘 버컨캠프Dean Birkenkamp에게 감사의 뜻을 전한다.

거트 비에스타Gert J. J. Biesta

차례

프롤로그

교육의 목적에 관한 물음

프롤로그
교육의 목적에 관한 물음

인터넷 검색엔진의 조회 수만 따진다면 좋은 교육에 대한 견해는 차고도 넘친다. '좋은 교육'에 대한 구글Google의 조회 수는 1,360,000건이고 야후Yahoo는 5,830,000건에 달한다.[1] "여기서 '좋은 교육'을 구입하시오."와 같은 가짜 조회는 제외하더라도, 그 수치는 여전히 많은 사람들이 좋은 교육의 문제에 관심을 두고 있음을 나타낸다. 이것은 어느 정도 예견된 일이다. 좋은 교육을 반대하는 것은 상당히 어렵기 때문이다('나쁜 교육' 역시 구글에서 약 400,000건, 야후에서는 800,000건의 조회 수를 기록하지만). 그러나 진정한 문제는 우리가 좋은 교육을 찬성해야 하느냐 반대해야 하느냐가 아니다. 진정한 문제는 무엇이 진정 좋은 교육인가 하는 것이며, 더 중요한 것은 개인적인 선호도를 분명히 하는 것 이상으

---

1 2009년 7월 12일 www.google.com 및 www.yahoo.com에서 '좋은 교육(good education)'을 키워드로 검색

로, 어떻게 좋은 교육에 대한 아이디어를 논의하고 발전시킬 것인가 하는 것이다. 이 책의 목적은 바로 이러한 논의를 발전시키고자 하는 것이다.

이 책을 집필하는 한 가지 이유는 좋은 교육이 무엇을 의미하는가 하는 문제가 교육에 관한 토론에서 거의 사라진 것 같아 보이기 때문이다. 좋은 교육의 문제는 까다롭고 논쟁의 여지가 있는 것이지만, 나는 이것이 우리의 교육적 노력과 관련하여 물을 수 있고 또 물어야 할 가장 핵심적이고 중요한 문제라고 믿는다. 그 형태가 학교 교육이든 직장 교육 혹은 직업 훈련이든 아니면 삶을 통한 학습이든, 교육은 본질적으로 방향과 목적이 있는 과정이다. 그렇기 때문에 좋은 교육의 문제, 즉 교육이 추구하는 것은 무엇인가 하는 문제는 선택 사항이 아니라 교육 활동과 실천 및 프로세스에 참여할 때 항상 제기되는 것이다.

좋은 교육의 문제가 실종된 것처럼 보이는 것이 문제 사태의 전부는 아니다. 많은 경우에 좋은 교육의 문제가 다른 담론으로 대체되었다고 생각한다. 이러한 담론은 종종 교육의 품질에 관한 것으로 여겨진다. 가령, 교육의 효과성이나 교육의 책무성에 관한 토론을 생각해 보자. 그러나 이런 담론에서는 사실 좋은 교육의 문제 자체를 다루지 않는다. 교육의 담론에서는 오히려 좋은 교육의 규범적인 문제를, 과정에 있어서의 효율성과 효과성에 관한 기술적이고 경영 관리적인 문제로 대체할 뿐 이러한 과정이 무엇을 위한 것인가 하는 물음은 제기하지 않는다. 이는 단지 교육 자체에만 해로운 것이 아니며, '좋은 교육이란 무엇인가what constitutes good education' 하는 이슈에 대한 토론에 참여해야 할 주체들, 가령 교사, 학부모, 학생 및 사회 전체의 참여를 배제하기도 한다. 따라서 좋은 교육 자체에 대한 물음을 배제하는 것은 교육의 민주적 통제에도 유익하지 않다. 나는 공개적이고 명시적으로 좋은 교육의 문제를 규범적인 질문으로, 즉 교육의 궁극적 목적과 가치에 관한 질문으로 제기하고, 이런 질문을 간접적이거나 암묵적인 방식이 아니라 정면으로 다루는 것이 잃어버린 입지를 회복할 유일한 방법이라고 믿는다.

이 책을 쓰는 두 번째 이유는 좋은 교육의 문제가 여러 문헌에서, 특히 교육 관련 연구 및 학술 문헌에서 상대적으로 덜 다루어지고 있는 것 같은 저간의 상황 때문이다. 다시 말하지만 검색 엔진이 관심의 수준을 어느 정도 보여준다고 하면, 구글 스칼라Google scholar[2]를 활용하는 웹 검색에서는 '좋은 교육'이라는 타이틀의 텍스트에 대해 단지 167개의 조회수만을 기록하고 있다. 그런데 호주와 영국의 교육(각각 1979년과 1975년 이후), ERIC,[3] 그리고 미국의 교육(1996년 이후)에서 '좋은 교육'이라는 타이틀로 '찾아보기'를 했을 때는 모두 합해서 31개의 조회수를 기록하고 있다. 이것은 좋은 교육에 대한 의견들이 문헌에 없다는 것이 아니라 그러한 의견들이 흔히 탐구되지 않고 불명확한 상태로 남겨져 있음을 의미한다. 입장을 취한다는 것이 무엇을 의미하는지에 대한 질문 자체가 탐구되기도 전에 입장이 먼저 결정되는 경우가 종종 발생한다.

---

2 학술정보 전문 검색 엔진으로, 웹사이트 등에서 수집된 기사, 학술 논문, 학회 발표 자료, 단행본, 법률 정보 등 다양한 자료를 검색할 수 있다.

3 ERICEducation Resources Information Center(교육자원정보센터)는 색인화된 전체 텍스트 교육 문헌 및 자원의 데이터베이스이다. 미국 교육부의 교육과학연구소Institute of Education Sciences가 후원하며 모든 교육 연구자들에게 필수적인 도구이다.

이 책에 대해 내가 품고 있는 기대는 교육 관련 토론에 또 하나의 의견을 추가하는 것이 아니라 오히려 좋은 교육의 문제를 보다 자세하게 다루는 것이 무엇을 의미하는지를 탐구하려는 것이다. 따라서 이 책은 좋은 교육의 문제, 즉 목적의 문제, 교육이 무엇을 추구하는지에 대한 문제가 실제로 교육의 실천과 정책 및 연구에서 중심적이고 지속적인 관심사가 되어야 한다는 데 동의하는 모든 사람들을 대상으로 한다.

이 책을 쓰게 만든 저간의 상황을 언급했지만 그렇다고 오늘날 교육의 실천에 반성이 없음을 말하려는 것은 아니다. 이와 반대로 집필 과정에서 나는 새로운 사고와 행동방식에 열정적으로 참여하고 연구와 학문에서의 최신 통찰을 교육의 실천에 통합하기 위해 진지한 노력을 기울이는 많은 교사들을 만났다. **그러나 교실과 학교 및 정책 수준에서 많은 변화와 혁신이 진행되고 있지만, 여전히 '왜' 보다는 '어떻게' 에 더 많은 비중을 두는 경우가 더 많다.** 예를 들면 '왜 실제로 이런 일을 해야 하는가?'보다는 '이러한 새로운 아이디어를 어떻게 교실에 도입할 것인가?' 하는 문제에 더 중점을 두는 것이다. 협력 학습의 예를 들어보자. 오늘날의 많은 교실들은 수십 년 전과는 근본적으로 다르다. 당시의 교실은 대체로 조용했고 학생들은 교사가 말하는 것을 경청하고 받아들여야 했지만, 오늘날의 교실은 종종 활동과 대화로 가득 차 있고 교사가 하는 일은 지식과 지혜의 원천이라기보다는 촉진자의 역할이 되었다. 하지만 그렇다고 해서 '예전의' 교실은 반드시 나쁘고 '현재의' 교실은 반드시 더 낫다는 의미는 아니다. 가령 학생들의 목표가 동료 학생들에게 자신의 견해를 설명함으로써 자신의 이해도를 검증하는 것이라면 학생들은 상호작용과 대화 및 활동으로 도움을 받을 수 있다. 그러나 그 목표가 복잡한 기술의 숙달인 경우, 예를 들면 토론과 협동보다는 집중과 인내를 필요로 하는 과제인 경우는 협력 수업이 실제로 학습을 방해할 수 있다. 따라서 협력적 형태의 학생 활동에 더 많은 비중을 두어야 할지 여부는 전적으로 활동의 목적, 즉 교육적으로 바람직한 것으로 간주되는 성과에 달려 있다. 우리가 목표를 달성하고자 하는 방법에 대한 결정을 내리기 시작할 수 있는 것은 전자의 질문why에 대해 뭔가를 말할 수 있을 때에만 가능하다. ·

그렇다고 보통의 교사들이 교육의 궁극적 목적에 대해 판단할 수 있는 역량이나 심지어 지적 능력이 부족할 것이라고 주장하려는 것은 아니다. 부족한 점이 있다면 뭐니 뭐니 해도 교육에서 목적의 문제를 다루는 '도구'의 차원에 있다. 구체적으로 말하면 무엇보다도 교육의 목적에 대한 문제를 명료화하고 정확하게 실행할 수 있는 언어 또는 어휘가 결여되어 있다. 물론 이것은 단지 언어의 문제일 뿐이라는 의미는 아니다. 말하자면 시간에 관한 문제, 즉 우리가 실제로 하고 있는 일의 이유를 묻기 위해 일상적인 실천의 흐름에서 한발 물러설 수 있는 시간에 관한 문제도 존재한다. 그리고 가장 중요한 것으로, 교육에 대한 관심을 공유하는 모든 사람들—교사, 학생, 학부모, 사회 전반—이 실제로 교육의 목적에 대한 숙고와 판단에 참여할 수 있는 위치에 있는가 하는 문제가 있다. 그렇기 때문에 나는 이 책에서 교육의 목적에 대한 문제를 보다 세밀하게 다루는 데 도움이 될 수 있는 논의방식을 발전시키는 데 도움을 주고자 한다. 뿐만 아니라 어떻게 그리고 왜 이런 질문들을 개방적이고 민주적인 방식으로 다루는 것이 더 어려워졌는지를 보여주고 싶다. 따라서 이 책의 목적은 분석적이면서도 프로그래밍적 혹은 계획적이다.

이 책은 다음과 같이 구성되어 있다. 1장 '무엇을 위한 교육인가?'에서는 교육정책 및 실천과 관련하여 세계 여러 나라에서 측정의 문화가 크게 대두되고 있는 배경 속에서 좋은 교육에 대한 문제를 제기한다. 나는 교육의 성과를 측정하는 것이 교육의 목적과 관련한 질문에 응답하는 것을 결코 대체할 수 없다는 점을 주장할 것이다. 물론 측정에 종사하는 사람들은 때로 그렇게 하는 것 같고 또 그러기를 바라는 것처럼 보인다. 좋은 교육에 대한 문제를 주변화시키는 것은 이른바 교육의 '학습화learnification'라는 현상과 관련이 있다. 이 말을 할 때 내가 염두에 두고 있는 것은 교육의 언어를, 학습의 측면에서만 교육을 논의하는 언어로 대체하려는 경향이다. 학습은 분명 교육의 핵심 관심사 중 하나지만, 학습의 언어는 특히 목적의 문제를 포함해서 내용과 관계의 문제를 다루기 어렵게 만든다고 생각한다. 이러한 배경과 관련해서 나는 교육에 있어서 목적의 문제를 다루기 위한 간단한 프레임을 소개한다. 이 프레임은 교육의 프로세스와 실천이 일반적으로 세 가지 영역에서 작동하며, 따라서 세 가지 종류의 목적을 수행한다고 말할 수 있다는 점에 기반을 두고 있다. 나는 이것들을 자격화qualification, 사회화socialization, 주체화subjectification라고 부를 것이다. 나는 전부는 아니더라도 사실상 많은 교육 실천이 이들 영역에 영향을 미친다는 점, 그리고 교육은 무엇을 추구해야 하는지에 대한 토론에 참여할 때는 이 세 가지 차원을 염두에 두어야 한다는 점을 주장하고자 한다. 어떤 상황에서는 이러한 차원들 중 어느 하나에만 교육적 노력을 집중하는 것이 가능할 수도 있지만, 현실에 존재하는 것은 실제로 교육의 세 가지 목적이 항상 특정한 형태로 '융합'된 것이다. 이는 자격화, 사회화 또는 주체화 중 어느 것을 선택해야 하는가가 아니라 어떤 융합이 바람직하고 정당한가 하는 것이 진정한 질문임을 의미한다. 나는 시민성 교육의 영역과 수학교육의 영역 두 가지 간단한 사례를 제시할 것이다. 이는 세 가지 구분이 교육에서 목적의 문제를 다루는 데 어떻게 도움이 되는지를 보여주기 위함이다.

이어서 2장과 3장에서는 내가 보기에 실제로 목적과 관련한 문제를 밀어낸 교육의 최근 발전에 대해서 분석할 것이다. 2장 '과학과 민주주의에서의 증거기반교육'에서는 교직을 증거기반 직업으로, 즉 '효과가 어떠한가'에 대한 과학적 지식을 기반으로 하는 직업으로 전환하라는 최근의 요구에 초점을 맞출 것이다. 교육의 실천에 있어서 '효과가 어떠한가' 하는 물음은 매우 중요하며 실제로 교사들이 지속적으로 제기하는 질문이지만 나는 증거기반교육의 지지자들이 연구와 실천 간의 이상적인 연결을 구상하는 방식이 교육적으로 문제가 있고, 사실상 실천이 불가능하며, 궁극적으로 비민주적이라는 것을 보여줄 것이다. 나는 토론에서 세 가지 가정, 즉 교육의 실천에 대한 관점, 지식과 행동 간의 관계에 대한 관점, 연구와 실천 간의 관계에 대한 관점에 초점을 맞출 것이다. 세 가지 경우 모두에 있어서 나는 교육에서 증거의 역할과 관련한 보편화된 아이디어에 문제가 있다고 생각하는 점을 보여주고 나아가 연구와 정책 및 교육 실천 간의 관계를 이해하는 대안적인 방법을 제시하고자 한다.

3장 '교육의 책무성과 책임'에서는 교육정책과 실천에서의 책무성의 문제에 초점을 맞추었다. 책무성이란 개념 자체에는 아무런 문제가 없으며 실제로 민주주의의 이상에 헌신하는 교육에서 중심적인 역할을 해야 하지만, 지난 수십 년 동안 책무성에 대한 사유가 어떻게 전문적이고 민주적인 개념에서 근본적으로 관리와 관련된 개념으로 변모했는지 보여줄 것이다. 이로 인해 책무성의 초점이 교육 실천의 궁극적 목적에 대한 질문에서 교육과정의 편의성과 효율성에 대한 질문으로 옮겨가는 사태가 발생했다. 이로 인해 책무성의 실천에 관여하는 여러 당사자, 그들의 정체성과 그들 간의 관계, 그리고 책무성의 실천에 목적의식을 가지고 참여할 수 있는 능력에 중대한 영향을 미쳤다. 나는 관리 책무성 체제가 책임 있는 행동의 기회에 어떻게 영향을 주었는지 보여주고 기술-관리적 책무성의 정의가 실제로 책임 있는 행동의 기회를 어떻게 침식했는지에 대해 설명할 것이다.

2장과 3장에서는 좋은 교육에 대한 질문이 제기될 수 있는 맥락을 다루고, 이러한 질문을 기본적으로 진정한 민주적 방식으로 제기하는 것이 왜, 어떻게, 어떤 면에서 더 어려워졌는지를 보여줄 것이다. 4장 이후에서는 1장에서 소개한 기본 프레임과 관련하여 좋은 교육에 대한 논쟁의 측면에 보다 더 명시적으로 초점을 맞추고 있다. 4장 '멈춤의 교육'에서는 저자의 저작 『학습을 넘어Beyond Learning』(Biesta 2006a)에서 좀 더 상세하게 탐구했던 문제를 다루고 있다. 여기서의 문제는 사회화와 주체화를 의미 있게 구분하는 것이 여전히 가능한가 하는 것이다. 여기서는 이러한 구분의 가능성이 왜 문제가 되었는지를 명료화함과 동시에 이러한 구분이 왜 중요한지를 보여주고 사회화와 주체화의 구분과 관련하여 제기되는 문제들에 대응하기 위한 교육적 논의 방식을 제시할 것이다. 이는 '세계로의 출현'과 '고유성'이라는 개념에 초점이 모아지고 '멈춤의 교육'이라는 개념으로 요약된다.

　5장 '듀이 이후의 민주주의와 교육'에서는 좋은 교육에 대한 논의를 민주주의의 문제와 보다 분명하게 연결시킬 것이다. 여기서 다루는 질문은 민주주의의 원칙을 구현하고 동시에 교육의 요구를 충족시키는 것이 어떻게 교육에서 가능할 수 있는가 하는 것이다. 첫 번째 섹션에서의 핵심적인 주장은 민주주의가 단순히 다수결의 개념에 기초한 '선호의 집계'에 관한 것이 아니라 개인의 필요에서 집단적 요구 및 공동선이라는 개념으로의 '선호의 이동(그리고 전환)'에 관한 것이라는 인식이다. 그러한 전환의 과정에 참여하는 것은 시민 학습을 위한 중요한 기회를 제공한다. 이 장의 두 번째 섹션에서는 교육의 세 가지 차원을 민주주의 문제와 어떻게 연결시킬 수 있는지에 대해 논의할 것이다. 나는 교육 내용을 어떻게 민주화할 수 있는가라는 질문(이는 기본적으로 민주주의를 자격화의 문제와 연결시키는 것이다)에 초점을 맞추기보다는, 민주적인 기회는 무엇보다도 교육의 주체화 차원에 존재하며 이를 통해서만 다른 차원의 교육에 보다 민주적으로 참여할 수 있음을 주장할 것이다.

　6장 '교육, 민주주의 그리고 포용의 문제'에서는 민주사회에서 교육의 역할을 전적으로 사회화의 관점에서만 생각해서는 안 되는 이유에 대해 논의할 것이다. 교육의 과제를 민주적 질서의 재생산으로 보는 것에도 중요한 의미가 있지만 보다 더 중요한 문제는 민주주의를 진정 특정의 사회적 및/또는 정치적 질서로 이해해야 하는가 하는 것이다. 기존의 민주적 질서를 보다 포용적으로 만들려는 시도에 맞서, 나는 민주주의와 민주화에 대해 다르게 사유하는 방식을 제시할 것이다. 그것은 민주주의를 항시적이지 않은 것으로 보고 민주화를 평등이라는 이름으로 기존의 민주적 질서를 중단시키는 것으로 보는 것이다. 민주주의와 민주화를 기존의 민주적 질서의 재생산이라는 측면에서만 보지 않고 이런 식으로 이해를 하면 민주사회에서 다른 교육의 기회를 볼 수 있게 된다.

에필로그에서는 여러 장의 맥락들을 통합하여 이 책의 논의를 통해 달성한 성과를 제시하고 더 많은 관심과 토론이 필요한 문제들을 지적할 것이다. 나는 이러한 논의들이 또 한권의 책이나 출판물을 필요로 할 뿐만 아니라 교육 체제의 모든 수준에서 교육자들이 목적의 문제에 참여함으로써 무엇보다도 좋은 교육의 문제가 교육을 위한 노력에 있어서 다시금 핵심적인 질문이 되어야 할 필요성을 암시한다고 생각한다.

01
무엇을 위한 교육인가?

01
무엇을 위한 교육인가?

지난 20년 동안 교육 측정에 대한 관심, 교육 측정 문화의 용어로 말하면 교육성과의 측정에 대한 관심이 크게 증가했다. 아마도 이에 대한 두드러진 징후는 수학·과학 성취도 추이변화 국제비교 연구TIMSS, 국제읽기능력평가PIRLS 및 OECD 국제학업성취도평가PISA와 같은 국제비교 연구에서 찾을 수 있을 것이다. 이들 연구에서는 누가 더 낫고 누가 최고인지를 보여줄 것으로 추정되는 성취도평가표를 산출하게 되는데, 이는 한 국가의 교육체제가 다른 나라의 교육체제와 비교하여 어떤 성취를 보이고 있고, 따라서 그들의 관점에서 일반적으로 어느 정도 경쟁력이 있는지에 대한 정보를 제공하려는 것이다. 연구 결과는 종종 '기준 향상'이라는 기치 아래 교육정책을 알리기 위해 단위 국가의 정부에서 활용된다. 성취도평가표는 개별 학교 또는 교육구의 상대적 성취도에 대한 정보를 제공하기 위해 국가 차원에서도 만들어진다.

이 성취도평가표에는 한편으로 모든 사람이 동일한 품질의 교육에 접근할 수 있어야 한다는 사회정의 주장을, 다른 한편으로 책무성 및 선택의 요소와 결합한 복잡한 근거가 들어 있다. 이러한 성취도평가표를 만드는 데 사용되는 데이터는 소위 실패한 학교와, 경우에 따라서는 단위 학교에서 실패한 교사를 식별하는 데에도 활용된다.[1]

교육성과의 측정에 대한 관심은 성취도평가표를 작성하는 일에만 한정되지 않았다. 교육성과와 투입 간의 상관관계 측정치는 교육의 실천에 대한 증거 자료 제공을 목표로 하는 연구에 있어서도 핵심적인 것이다. 교육은 증거에 기반을 두고 실행되어야 한다는 생각을 지지하는 사람들이 자주 하는 주장에 따르면, "시간의 경과에 따른 점진적이고 체계적인 교육의 개선"은 교육의 투입과 성과 간의 상관관계에 대한 면밀한 측정과 대규모 실험 연구의 수행을 통해서만 도모할 수 있다. 이러한 변화는 20세기 전반에 걸쳐 "의학, 농업, 교통 및 기술과 같은 분야에 있어서 서구 경제와 사회의 성공적인 면을 특징짓는 것"이었다.[2] 미국에서는 2001년 초중등 교육법No Child Left Behind이 재승인되면서 '성과'에 관한 과학적 지식을 창출함에 있어서 특정의 방법론을 활용한 연구에만 연방 연구 기금을 사용할 수 있는 상황이 벌어졌다.

이러한 발전의 중요한 선구적 노력은 1980년대 초반부터 교육의 변화와 개선에 관한 논의에서 영향력 있는 역할을 한 학교 효과성 연구에서 찾아볼 수 있다.[3] 이 연구는 처음에는 단위 학교의 변수에 초점을

---

1 Toulminson 1997, Nicolaidou 및 Ainscoq, Hess 2006, Granger 2008.
2 Slavin 2002, p. 16.

맞추었지만 나중에는 학교 교육을 보다 효과적으로 만드는 데 작용하는 주요 변수를 찾아내기 위해 점차 교수 및 학습의 역동성에 더 많은 관심을 기울였다. 나중에는 타당한 결과와 산출물이라는 더 좁은 시각으로 전환되었다.[4] 그리고 최근에는 효율성에 관한 이슈보다는 대체로 학교 개선이라는 보다 넓은 문제에 더 많은 관심을 갖게 되었다. 그럼에도 불구하고 학교 효과성 및 개선 운동은 교육의 결과가 측정될 수 있고 또 그래야 한다는 주장에서 중요한 역할을 하고 있다.

측정과 가치 부여의 선후 문제

교육에서 측정 문화의 부상은 국가 및 초국가 차원에 해당하는 최고 수준의 교육정책에서부터 지역의 단위 학교 및 교사의 교육 활동에 이르기까지 교육 실천에 중대한 영향을 미쳤다. 이 영향은 사실로 추측하는 것에 대한 가정이나 의견보다는 사실적 데이터를 기반으로 토론이 이루어질 수 있도록 하는 데 기여했기 때문에 어느 정도까지는 유익했다. 그러나 교육의 성과에 대한 풍부한 정보의 제공은 교육정책의 방향과 교육 실천의 양상 및 형태에 대한 결정을 오로지 사실적인 정보에 근거해서만 내릴 수 있다는 인상을 사람들에게 심어주었다. 학업성취도 국제비교, 성취도평가표, 책무성, 증거기반교육 및 효과적인 학교

---

3   Townsend 2001; Luyten et al. 2005.
4   예: Rutter and Maugham 2002; Gray 2004.

교육의 여파로 이러한 현상은 교육에 관한 토론에서 점점 더 많이 나타나고 있는데 여기에는 두 가지 문제가 있다.

첫 번째 문제는 무엇을 해야 하는지에 대한 결정을 내릴 때에는 항상 사실적인 정보를 사용하는 것이 바람직하지만, '무엇을 해야 할 것인가'라는 명제는 결코 '무엇이 사실인가'라는 명제로부터 도출할 수 없다는 것이다. 이 문제는 철학 문헌에서 소위 '사실-당위 문제is-ought problem'로 알려진 것이며 스코틀랜드 철학자 흄David Hume이 「인간 본성에 관한 논고A treatise on Human Nature」에서 처음 밝힌 것으로, 교육의 방향에 대한 결정을 내릴 때는 항상 그리고 반드시 가치판단, 즉 교육적으로 무엇이 바람직한지에 대한 판단을 해야 한다는 것을 시사한다.[5] 이 것은 우리가 교육의 방향에 대해 무언가를 말하려고 하면 항상 무엇이 바람직한 것으로 간주되는가에 대한 가치판단으로 사실적인 정보를 보완해야 한다는 것을 의미한다. 다시 말하면 우리는 데이터와 증거를 평가(즉 가치 판단-옮긴이)할 필요가 있으며, 교육 평가 영역에서 오랫동안 알려져 왔듯이 가치에 참여해야 한다.[6]

두 번째 문제는 첫 번째 문제와 관련이 있고 어떤 의미에서 그 방법

---

5 이는 소위 자연주의적 오류naturalistic fallacy에 해당하는 것으로, 사실에 대한 명제만을 근거로 도덕적 가치 판단에 대한 명제를 이끌어내는 것은 논리적으로 오류라는 것이다 (반대의 경우도 마찬가지다). 흄에 의하면 '오로지 그러하다/존재한다' 또는 '그렇지 않다/존재하지 않는다' 등의 사실 명제만 가지고 '그러해야 한다/마땅하다ought' 또는 '그러해서는 안 된다/마땅치 않다ought not' 등과 같은 가치 명제를 도출해내서는 안 된다(옮긴이).

6 House와 Howe 1999; Henry 2002; Schwandt와 Dahler-Larsen 2006.

론적 귀결로서 측정의 타당성과 관련된 문제이다. 이 문제는 단지 측정의 기술적 타당성 문제, 즉 측정하고자 하는 것을 측정하고 있는지 여부에 대한 문제를 넘어선 것으로, 이 문제의 소재는 측정의 규범적 타당성이라고 하는 것에 있다. **이것은 우리가 가치를 부여하고 있는 것을 실제로 측정하고 있는가, 아니면 우리가 쉽게 측정할 수 있는 것만을 측정함으로써 결국은 측정할 수 있는 것에 대해서만 가치를 부여하고 있는 것은 아닌가 하는 문제와 관련이 있다.** 교육에서 성과 문화(수단이 그 자체로 목적이 되어 질의 목표와 지표가 질 자체로 오인되는 문화)의 부상은 규범적 타당성을 기술적 타당성으로 대체하는, 측정에 대한 접근 방식의 주요동인 중 하나였다.[7]

특히 사용된 개념이 이미 가치를 표현하는 것 같은 경우에는 교육의 방향에 대한 결정에서 가치에 명시적으로 관여할 필요성이 쉽게 간과된다. 한 가지 예로서 교육의 효과성에 대한 논의를 들 수 있다. 효과적이지 않은 교육에 대해 말하는 것이 실제로 어렵다는 사실 외에도(이는 '효과성'이라는 개념의 수사적 힘을 보여준다), 효과성은 그 자체가 실제로 하나의 가치이다. 이는, 효과적인 학교 교육 혹은 교사 효과성의 사례는 바로 우리가 해야 할 일, 즉 교육적으로 바람직한 것에 대한 가치 판단을 내리는 일을 하고 있음을 의미하는 것이라고 할 수 있다. 그러나 문제는, '효과성'이란 것은 도구적 가치, 프로세스의 질, 보다 구체적으로 안전한 방식으로 특정한 성과를 낼 수 있는 능력에 대한 어떤 것

---

7   Ball 2003; Usher 2006.

을 나타내는 가치라는 사실이다. 그러나 그러한 과정의 결과가 그 자체로 바람직한 것인지 여부는 전혀 다른 문제이다. 그 자체로 바람직한 가치의 문제란 도구적 가치가 아니라 궁극적 가치라고 할 수 있는 것에 근거를 둔 판단이 필요한 문제를 말한다. 이것이 효과적인 교육이라고 말하는 것이 충분하지 않은 이유이다. 때로는 효과적이지 않은 교육 활동의 경우, 가령 학생들에게 자신의 사고, 행동 및 존재 방식을 탐구할 수 있는 기회를 제공하는 교육 활동이 있다고 한다면 이는 미리 결정된 목표를 향해 효과적으로 추진되는 교육 활동보다 실제로 더 바람직하다고 주장할 수도 있다. 따라서 단지 효과적인 교육에 대해서 뭐라고 말하는 대신에 항상 '무엇에 대해 효과적인가'를 물어야 하며, 특정 학생이나 학생 집단에 효과적일 수 있는 교육이 반드시 다른 개인이나 집단에 효과적이지 않을 수도 있다는 점을 고려할 때, 우리는 또한 '누구를 위해 효과적인가?'를 항상 물어야 할 필요가 있다.[8]

특히 측정이 두드러지게 나타나는 상황에서 가치와 목적의 문제를 교육에 대한 토론에서 다시 제기하기 위해서는 '좋은 교육이란 무엇인가'라는 이슈에 다시 참여해야 한다. 이 장에서 나는 두 단계로 나누어 이 문제에 접근할 것이다. 다음 절에서는 우리가 교육의 가치와 목적에 대한 질문들을 놓쳤던 것 같은 몇 가지 이유들을 살펴볼 것이다. 나는 이에 대한 설명의 일부는 적어도 교육의 '학습화'라는 현상, 즉 교육의 어휘를 학습의 언어로 변형시킨 것과 관련이 있다고 주장할 것이다.

---

8 Bogotch, Mirón 및 Biesta 2007.

이어서 교육은 세 영역, 즉 자격화와 사회화 그리고 주체화라는, 서로 다르지만 겹치는 영역에 걸쳐 운영된다는 생각에 근거하여 교육의 목적에 대한 문제에 접근하기 위한 프레임을 제시할 것이다. 나는 시민권 교육과 수학 교육이라는 두 가지 커리큘럼 영역에 대한 간략한 논의를 통해 이 프레임이 교육의 목적에 대한 문제를 탐구하는 데 어떻게 도움이 될 수 있는지를 설명할 것이다.

교육의 '학습화'

프롤로그에서 언급했듯이, 오늘날 무엇이 교육적으로 바람직한가라는 질문을 직접 다루는 문헌은 거의 없다. 교육의 과정과 실천의 개선에 관한 많은 논의에도 불구하고 그러한 과정이 무엇을 초래하는지에 대한 명시적인 논의도 거의 없다. 다시 말하면 좋은 교육을 구성하는 것이 무엇인가라는 질문에 대한 분명한 관심은 찾아보기 어렵다.[9] 그 이유가 무엇인가?

한 가지 이유는 교육 목적의 문제는 해결하기가 너무 어렵거나 근본적으로 해결할 수 없는 것으로 여겨지기 때문이다. 특히 교육 목적에 대한 생각이 전적으로 개인 선호의 문제, 즉 합리적인 토론이 불가능한 주관적인 가치와 신념에 근거한 것으로 간주되는 경우에 그렇다. 이러

---

9   예외로 Fischman, DiBara 및 Gardner 2006, 좋은 교육 연구에 관한 것으로는 Hostetler 2005, 책임 있는 평가에 대한 것으로는 Siegel 2004 참조

한 생각은 종종 '보수주의' 대 '진보주의' 또는 '전통주의' 대 '자유주의'의 측면에서 교육 목적을 이분법적으로 묘사하는 견해의 이면에 들어 있다. 여기서 한 가지 의문은 교육의 가치에 대한 이러한 자리매김이 과연 완전히 주관적이고 따라서 합리적인 논의를 넘어선 것인가 하는 것이다. 그러나 설령 그렇다 하더라도, 그리고 이러한 논의가 실제로 아무리 어렵더라도 적어도 민주사회에서는 (공)교육의 목표와 목적에 대한 논의를 다루려는 노력이 있어야 한다고 주장할 수 있다.

그러나 교육의 목표와 목적에 대한 명시적인 관심이 없다는 것은 교육이 무엇을 위한 것인지에 대한 특정의 '상식적' 관점에 의존한 결과일 가능성이 더 높다. (물론 '상식'이라고 하는 것이 종종 다른 집단의 이익보다 특정 집단의 이익에 훨씬 더 도움이 된다는 것을 잊어서는 안 될 것이다.) 교육의 목적에 대한 이러한 '상식적' 관점의 대표적인 예는 교육에서 중요한 것은 소수의 교과 영역, 특히 언어, 과학 및 수학에서의 학업 성취라는 견해이다. TIMMS와 PIRLS 및 PISA와 같은 연구에 신뢰성을 부여한 것은 바로 이러한 견해이다. 학문적 지식이 직업 기술보다 실제로 더 가치가 있는가 하는 것은 모두 그러한 지식이 사회의 특정한 자리를 차지하는 데 도움이 되는 것을 부여하느냐 여부에 달려 있다. 교육에 대한 사회학적 분석이 분명하게 보여주듯이 이것은 바로 교육 활동을 통해 사회적 불평등이 어떻게 재생산되는지 보여준다. 그러므로 교육이 무엇이고, 또 무엇이 될 수 있는지에 대한 토론을 시작하는 것보다 현상을 유지하는 것이 이를 통해 혜택을 입는 사람들의 일차적 관심사이다. 상황을 더욱 복잡하게 만드는 것은, 더 특권적인 위치에 있는 사람들이 현재 이용할 수 있는 혜택을, 불리한 위치에 있는 사람들도 결국은 누리게 될 것이라는 (흔히 잘못된) 기대로 인해 현상 유지를 지지하는 경향이 있다는 것이다. 그러한 기대가 종종 잘못되었다는 것은, 고등교육의 학위가 주는 사회적 지위의 이점이 더 많은 사람들에게 열려 있다는 가정하에 고등교육에 참여하려는 이들이 많아진다는 데서 확인할 수 있다. 이 논쟁에서 잊고 있는 것은 고등교육의 학위를 가진 사람들의 수가 증가하면 필연적으로 그러한 학위가 갖는 사회적 지위의 이점이 줄어든다는 사실이다. 더욱이 '좋은' 대학과 '그다지 좋지 않은' 대학 간의 학위 차이와 같은, '구별'의 다른 지표가 종종 고등교육 자체가 주는 이점을 대신하여 기존의 불평등을 다른 방식으로 재생산할 것이다.[10]

그러나 교육 목적에 대한 질문에 비교적 관심이 부족한 이유는 단지 '외적'인 것만이 아니다. 나는 그 이유가 교육의 영역 자체의 변화와도 관련이 있으며 이는 교육에 대해 논의하는 데 사용되는 어휘의 변화와 밀접하게 연결되어 있다고 주장하고 싶다. 다른 데서 보다 상세하게 지적했듯이,[11] 지난 20년 동안 '학습'의 개념은 현저하게 상승하고 그 대신 '교육'의 개념은 쇠퇴하는 것을 목격했다(이 명제에 대한 실증적 근거는 Haugsbakk과 Nordkvelle 2007에 의해 제시되었다). 예를 들어 내가 '새로운 학습언어'라고 한 것의 부상은 가르침을 학습의 촉진으로, 교육을 학습 기회 또는 학습 경험의 제공으로 재정의하는 데서 명백해진다.

---

10 Ross 1991; Rancière 1991.
11 Biesta 2004a; 2006a.

그것은 '학생' 대신 '학습자'라는 단어를 자주 사용하는 것에서 알 수 있다. 그것은 또한 성인 교육을 성인 학습으로 바꿔 부르고 '평생 교육'을 '평생 학습'으로 전환하는 것에서 명확해진다. 유럽의 정책 문서에서 발췌한 다음 내용 역시 '새로운 학습언어'의 완벽한 예를 보여준다.

> 학습자와 학습을 교육과 훈련의 방법 및 과정의 중심에 두는 것은 결코 새로운 생각이 아니지만 사실 대부분의 공식적인 상황에서 확립된 교육 실천의 틀은 학습보다 가르침에 특권을 부여해왔다… (그러나) 첨단 기술 지식 사회에서 이러한 형태의 교수-학습은 효율성을 상실한다. 학습자는 능동적이고 자율적이어야 하며 지속적으로 지식을 갱신하고 변화하는 문제와 상황에 건설적으로 대응할 준비가 되어 있어야 한다. 교사는 학습자가 지식에 접근하고 이를 활용하며 궁극적으로 창조할 수 있도록 하기 위하여 동반자, 촉진자, 멘토, 지지자, 안내자의 역할을 해야 한다.[12]

학습이라는 새로운 언어는 어떤 특정 과정의 결과나 단일 기본 의제의 표현이 아니라는 것을 이해하는 것이 중요하다. 그것은 오히려 서로 다르고 부분적으로 모순되기도 하는 추세와 전개과정들이 결합된 결과물이다. 여기에는 다음과 같은 것들이 포함된다.

(1) 지식과 이해의 구성에서 학생들의 적극적인 역할과 이에 대한 교

---

12 유럽공동위원회 1998, 9, Field 2000, 136에서 인용.

사의 보다 촉진적인 역할에 중점을 둔 새로운 학습 이론의 등장

(2) 교육의 과정이 교사에 의해 통제될 수 있고 또 그래야 한다는 관점에 대한 포스트모더니즘의 비판

(3) 사람들의 삶 전반에 걸친 비공식 학습의 엄청난 증가에서 입증된 소위 학습의 조용한 폭발[13]

(4) 복지 국가의 쇠퇴와 그에 따라 (평생)학습에 대한 책임을 개인에 지우는 신자유주의 정책의 부상[14]

새로운 학습 언어의 출현은 교육의 '학습화'라고 내가 의도적으로 거칠게 지칭한 보다 일반적인 경향을 표현한 것으로 볼 수 있다. '학습화'란 교육을 말할 때 사용하는 어휘를 '학습' 또는 '학습자'의 어휘로 바꾸는 것을 말한다. 물론 학습과 학습자에 초점을 맞추는 것이 문제만 있는 것은 아니다. 학습이 투입에 의해 결정되는 것이 아니라 학생의 활동에 달려 있음을 아는 것은 새로운 통찰력은 아니지만 교사가 학생의 학습을 지원하기 위해 가장 잘 할 수 있는 것이 무엇인지 다시 생각하는 데 도움이 될 수 있다. 새로운 학습 언어에는 개인에게 자신의 교육 의제를 통제할 수 있는 권한을 부여할 수 있을 만큼 해방의 가능성이 있다. 그러나 새로운 학습 언어의 출현에는 그에 따른 문제가 있기 때문에 이 점에서 언어의 힘을 과소평가해서는 안 된다. 이번 장의

---

13 Field 2000.

14 자세한 내용은 Biesta 2004a, 2006a; Biesta 2006b 참조

맥락에서 나는 새로운 학습 언어의 문제점을 두 가지 측면에서 강조하고자 한다. 한 가지 쟁점은 '학습'이 기본적으로 개인주의적 개념이라는 사실에 관한 것이다. 학습은 협력학습이나 협동학습 같은 개념으로 표현되는 경우에도 개인으로서 하는 일을 가리킨다. 이것은 항상 관계를 수반하는 '교육'의 개념과 극명하게 대조된다. 가르치는 것은 누군가를 가르치는 것이며 가르치는 사람은 자신의 활동에 대해 어떤 목적의식을 가지고 있다. 두 번째 문제는 '학습'이 근본적으로 과정의 개념이라는 것이다. 그것은 과정과 활동을 의미하며, 내용과 방향에 있어서는 무의미하지는 않지만 열려 있다. 예를 들어, 교사가 학생의 학습을 촉진해야 한다고 말하는 것(정책 문헌에는 알려지지 않은 표현임)은, 학생들이 무엇을 배워야 하고 어떤 목적으로 그것을 배워야 하는지를 구체적으로 명시하지 않으면 실제로 뭔가를 말해주는 것이 거의 없다. 예를 들어 미국교육학회가 복잡한 사회적, 문화적 생태 환경 안팎에서의 학습을 역사적 관점에서 검토하고, 학습 기회를 만드는 데 도움이 되는 복잡한 생태적 요인을 고려하면서 공식적, 비공식적 환경에서 학습을 개선하기 위한 정책적 함의를 검토하는 컨퍼런스 기고문을 요구할 때에도 학습이라는 '내용이 없는' 용어를 사용하는 일이 발생한다.[15]

그렇다면, 우리는 어떻게 목적과 방향에 대한 물음을 교육의 의제로 끌어올 수 있을까?

---

15 Educational Researcher 2009년 5월, p. 301.

무엇을 위한 교육인가?

　이 장에서 나의 목표는 교육의 목적(들)이 무엇이어야 하는지를 명시하는 것이 아니다. 이보다는 교육의 목적에 관해서는 이미 다양한 견해가 있으며, 또한 민주주의 사회에서는 교육의 목적에 대한 지속적인 토론이 있어야 함을 인정하고, 국가 지원 교육 및 민간 지원 교육과 관련하여 나의 관점에서 교육의 목표와 목적에 관한 토론의 틀을 구성하는 매개변수를 간략하게 설명한다는 보다 겸손한 미션을 설정했다. 교육의 목표와 목적에 관한 토론의 틀을 구성하는 한 가지 방법은 교육 시스템이 수행하는 실질적인 기능에서 시작하는 것이다. 나는 교육이 일반적으로 세 가지 다른 (그러나 관련된) 기능을 수행한다고 주장하고자 한다. 이를 교육의 자격화 기능, 사회화 기능 그리고 주체화 기능이라고 부를 것이다.

　교육의 주요 기능, 즉 학교 및 기타 교육 기관의 기능은 아이들과 청소년, 그리고 성인들의 능력을 배양하는 데 있다. 그것은 그들에게 지식, 기술 및 이해와 더불어 "무언가를 할 수 있게 하는" 성향과 판단의 형식을 제공하는 것이다. 무언가를 하는 것의 범위는 매우 구체적인 것(특정 일자리나 직업에 대한 훈련, 혹은 특정 기술이나 테크닉의 훈련 같은 것)에서부터 훨씬 더 일반적인 것(현대 문화의 소개 또는 생활 기술의 교육 등)에까지 광범위하다. 자격화 기능은 확실히 조직화된 교육의 주요 기능 중 하나이며 애초부터 국가의 지원을 받는 교육을 시행해야 하는 중요한 근거가 된다. 이것은 특히(전적으로는 아니지만) 경제적 요인과 관련이 있다. 말하자면 노동력을 준비함에 있어서, 그리고 이를 통해 경제 발전과 성장에 기여하는 데 있어서 교육이 수행하는 역할과 관련이 있는 것이다. 그러나 자격화 기능은 직업 세계의 준비에만 한정되지 않는다. 학생들에게 지식과 기술을 제공하는 것은 삶의 다른 측면, 가령 시민의식에 필요한 지식과 기술로 이해되는 정치적 문해력political literacy 혹은 보다 일반적으로 문화적 문해력cultural literacy에도 마찬가지로 중요하다.

여기서 내가 사회화라 부를 교육의 두 번째 주요 기능으로 옮겨 간다. 사회화 기능은 우리가 교육을 통해 특정한 사회적, 문화적, 정치적 '질서'의 일부가 되는 여러 가지 방식과 관련이 있다. 때로 사회화는 특정의 규범 및 가치의 전달을 위해, 그리고 특정의 문화적, 종교적 전통의 지속을 위해, 또는 직업과 관련된 전문적인 사회화의 목적을 위해 교육 기관에 의해 적극적으로 추진된다. 그러나 사회화가 교육 프로그램 및 실천의 명시적인 목표가 아니더라도, 잠재적 교육과정에 대한 연구에서 알 수 있듯이 교육은 언제나 사회화하는 효과가 있다. 사회화 기능을 통해 교육은 개인을 기존의 행동 방식과 존재 방식에 편입시킨다. 이런 식으로 교육은 바람직하고 이해할 수 있는 측면에서 문화와 전통의 지속에 중요한 역할을 한다.

그러나 교육은 자격화와 사회화에 기여할 뿐만 아니라 우리가 개별화 또는 **주체화**라고 부르는 것, 즉 주체가 되는 과정에도 영향을 미친다 (4장과 5장 참조). 주체화 기능은 아마도 사회화 기능의 반대라고 이해하는 것이 가장 쉬울 것이다. 그것은 바로 '새로 오는 자들newcomers'을 기존 질서에 편입하는 것에 관한 것이 아니라 그러한 질서로부터의 독립을 암시하는 방식, 개인이 보다 더 포괄적인 질서의 단순한 '표본'이 아닌 다른 존재 방식에 관한 것이다. 모든 교육이 실제로 주체화에 기여하는지 여부는 논쟁의 여지가 있다. 반드시 그런 것은 아니며 교육의 실제적인 영향은 자격화와 사회화에 국한될 수 있다고 주장하는 사람들도 있다. 또 다른 사람들은 교육이 항상 개인에게도 영향을 미치며 이러한 방식으로 교육에는 항상 개별화하는 '효과'가 있다고 주장하기도 한다. 여기서 우리는 교육의 실제적 기능에 대한 질문에서 교육의 목표와 목적 그리고 의도에 대한 질문으로 토론을 전환할 필요가 있지만 더 중요한 것은 특정한 교육의 제도와 구조의 결과로 가능하게 된 주체화의 '질', 즉 주체성의 종류(들)이다. 이와 관련하여 어떤 교육이든 그 이름에 합당하려면 항상 교육받은 사람들이 사고와 행동에서 보다 자율적이고 독립적이 되도록 하는 주체화 과정에 기여해야 한다고 주장하는 사람들이 있을 수 있으며 실제로 그렇게 주장한 이들도 있다.[16]

이 장에서 내가 말하고자 하는 요점은 좋은 교육이란 무엇인가에 대해 논의를 할 때, 우리는 이것이 복합적인 질문이라는 것을 인정해야 한다는 것, 즉 이 질문에 대답하기 위해서는 교육의 다른 기능과 다른 잠재적 목적을 인정해야 한다는 것이다. 따라서 좋은 교육이란 무엇인가에 대한 질문에 대한 대답은 자격화, 사회화 및 주체화에 대한 입장

16　예를 들어, 영국 교육 분석 철학의 전통에서 Peters 1966; 1976; Dearden, Hirst, and Peters 1972; 그리고 최근의 기고로 Winch 2005; 그리고 비판적 전통에서 Mollenhauer 1964; Freire 1970; Goroux 1981.

을 항상 구체화해야 한다. 좋은 교육이란 무엇인가라는 질문이 복합적인 질문이라고 말하는 것은 교육의 세 가지 차원이 완전히 분리된 것으로 간주될 수 있고, 또 그렇게 해야 한다고 주장하는 것이 아니라 오히려 그 반대이다. 자격화의 기능에 참여할 때는 항상 사회화와 주체화에도 영향을 미친다. 마찬가지로, 사회화에 참여할 때 이는 항상 특정한 개념과 관련하여 그렇게 하는 것이기 때문에 자격화의 기능과도 연결이 되며 주체화에도 영향을 미칠 것이다. 그리고 주체화를 최우선으로 하는 교육에 참여할 때는 일반적으로 특정 커리큘럼 내용과 관련하여 그렇게 하는 것이기 때문에 이는 사회화에도 항상 영향을 미친다. 따라서 교육의 세 가지 기능은 벤다이어그램의 형태로 가장 잘 표현할 수 있다. 즉, 부분적으로 겹치는 세 가지 영역으로 표현될 수 있으며, 보다 흥미롭고 중요한 질문 대상은 사실 개별 영역보다는 영역 간의 상호작용에 관한 것이다.

교육의 세 가지 차원을 어디에서 분리해야 하느냐 하는 것은 교육에 대한 이론적 근거, 즉 좋은 교육이란 무엇인가라는 물음에 대한 대답에 의해서 결정된다. 여기서 그 대답이 자격화, 사회화 및/또는 주체화와 어떻게 관련되는지에 대해 명확히 밝히는 것이 중요하다. 이와 관련하여 가장 중요한 것은, 우리는 이 세 가지 차원이 각기 다르다는 것을 알아야 한다는 점, 그것들은 각각 다른 근거를 필요로 한다는 점, 그리고 시너지 효과도 있을 수 있지만 이 세 가지 차원 간에는 갈등이 존재할 가능성, 특히 한편으로 자격화 및 사회화 차원과 다른 한편으로 주체화 차원 간에 갈등이 존재할 가능성이 있다는 점을 알아야 한다는 것이다(이 문제는 4장에서 다시 다룰 것이다).

두 가지 사례: 시민교육과 수학 교육

나의 제안을 좀 더 구체화하기 위해, 위에서 설명한 틀을 활용하는 것이 교육의 목표와 목적에 대한 논의에 어떤 의미가 있는지를 간략하게 보여줄 것이다. 시민교육과 수학 교육이라는 두 가지 커리큘럼 영역과 관련하여 이 논의를 진행할 것이다.

우선, 시민교육에 관한 문헌에서는 시민교육의 과제를 어떤 역량을 강화하는 것으로, 말하자면 아이들과 청소년에게 시민성에 필수적인 것으로 간주되는 ─ '시민성 차원'[17]으로 알려진 ─ 지식, 기술 및 성향을 제공하는 것으로 제한하는 경향이 강하다. 이러한 관점에서의 시민교육은 정치적 문해력의 습득에 초점을 두는 것이라고 할 수 있는데, 여기서 정치적 문해력은 시민의 권리와 의무 및 정치 체제의 작동에 대한 지식의 관점에서 이해할 수도 있고 보다 진보적인 접근에서 정치적 과정과 실천의 역동성을 비판적으로 분석할 수 있는 능력을 개발하는 데 중점을 두는 것으로 이해할 수도 있다. 자격화의 측면에서 시민교육의 근거를 명료화하는 한 가지 이유는 시민교육을 명시적인 정치 사회화로 바꾸지 않으려는 의도, 즉 시민교육을 특정한 정치적 가치와 신념의

---

17 Kerr 2005 참조

주입으로 생각하지 않으려는 의도에서 비롯된 것이다. 그럼에도 불구하고 시민교육을 위한 많은 프로그램들은 실제로 '좋은 시민'을 구성하는 요소에 대한 분명한 인식을 기반으로 한다. 예를 들어, 스코틀랜드에서의 시민교육에 대한 접근에서는 교육이 아이들과 청소년들이 '책임 있는 시민'이 될 수 있도록 해야 한다는 것을 분명히 밝히고 있으며, 따라서 학생들이 습득해야 하는 지식, 기술 및 성향을 명료화하고 있을 뿐 아니라 어떠한 시민이 되어야 하는지, 그리고 이와 관련하여 어떠한 인간이 되어야 하는지를 구체적으로 명시하고 있다.[18] 유럽의 정책에서도 유사한 입장을 확인할 수 있는데, 여기에서는 유럽공동체의 모든 주민들이 '적극적인 시민'이 되어야 한다고 주장하는 경향이 강하다.[19] 이러한 접근들에서는 시민교육의 이론적 근거와 의제를 사회화의 차원으로 분명하게 규정하면서 교육을 특정 정체성과 주체성의 '생산자'라는 위치로 자리매김하고 있다. 그러나 교육의 문제와 교육자의 문제는 시민교육이 자격화에만 국한되어야 하는가 아니면 사회화를 포함해야 하는가, 말하자면 시민교육이 단지 시민성의 가능한 조건에만 초점을 맞추어야 하는가, 아니면 특정한 자질을 갖춘 시민의 '육성'을 위해 적극적인 역할을 해야 하는가 하는 것에 한정되지 않는다. 또 하나의 문제는 시민교육이 우리가 정치적 주체화라고 부르는 것, 즉 미리 정해진 주형을 재생산하는 것만이 아니라 정치적 주체성을 진지하게 받아들이는 일종의 시민성을 증진하는 것에 기여할 수 있고 또 그래야

---

18 Biesta 2008a 참조
19 Biesta 2009a 참조

하는 것인지 여부이기도 하다.[20] 이것은 분명히 시민교육에 대한 논의로 하여금 사회화의 논의를 넘어서게 하고, 동시에 선량한 시민이 무엇인지 또는 무엇이 되어야 하는지에 대해 미리 규정된 특정의 관점으로 사회화하는 것을 넘어서서 정치적 주체성을 증진할 수 있는 자격화의 형식과 관련하여 중요한 의문을 제기한다. 이러한 관점에서 시민교육의 영역을 살펴보면, 시민교육이 무엇을 지향하고 어떤 목표를 추구해야 하는가에 대한 질문에는 각기 다른 답이 제시되고 있음을 알 수 있다. 위에서 논의한 바와 같이, 이것은 자격화나 사회화, 혹은 주체화를 선택하는 문제라기보다는 이러한 차원들을 어떻게 '융합'하느냐에 관한 것이다. 결국, 정치적 지식과 이해(자격화)는 분명 정치적 행동 방식과 존재 방식(주체화)의 개발에 중요한 요소가 될 수 있다. 이는 특정한 시민으로서의 정체성을 위한 사회화에 중점을 두는 것이 실제로 저항으로 이어져 그 자체로 정치적 주체성과 행위 주체성을 위한 기회를 열어주는 것과 마찬가지다.

시민교육과 같은 과목을 교육의 세 가지 목적이란 측면에서 생각하는 것은 다소 쉬운 것 같지만, 수학교육과 같이 훨씬 더 '전통적인' 교과, 즉 분명히 지식과 기술의 습득 및 이해의 발달에 관한 것으로 보이는 교과에 초점을 맞추면 이것이 더 어렵게 여겨질 수 있다. 그러나 수학교육에 대한 **교육적** 근거를 명확히 하기 위해서는 수학과 같은 과목을 동일한 방식으로 보는 것이 가능하고 또 필요하다고 생각한다.

20　Westheimer and Kahne 2004 참조

수학교육에서는 학생들이 수학에 능숙해질 수 있도록 수학적 지식과 기술, 더 중요하게는 통찰력과 이해력을 제공하는 데, 말하자면 능력을 배양하는 데 크게 중점을 두고 있음을 쉽게 알 수 있다. 그러나 여기에도 중요한 사회화 차원이 있다. 결국 교육과정에 수학을 포함시키고 이 교과에 시험과 교육적 성공의 정의에 있어서 중요한 지위를 부여하는 것은 이미 수학의 중요성에 대해 특별한 메시지를 전달하는 것이고, 따라서 수학을 중요시하는 세계로 사회화하는 기능을 수행하는 것이다. 그러한 세계로의 사회화는 또한 수학 교육의 명백한 목표가 될 수 있다. 교사들은 당연히 학생들에게 수학을 가까이 하는 것이 실제로 중요하다는 것을 확신시키기고 싶어 한다. 수학을 지식과 기술의 체계로 보지 말고 일종의 사회적 실천, 즉 특정한 역사와 특정한 사회의 '현실'에서 이루어지는 실천으로 접근한다면, 수학교육을 체계로서의 지식과 기술을 습득하는 것이 아닌 '수학화mathematizing'[21]라는 사회적 실천에 참여하는 것으로 보고 사회화에 핵심적인 위치를 부여하는 수학 교육의 이론적 근거를 개발하는 일을 시작할 수도 있다.[22] 그러나 이것이 수학 교육에 있어서 가능한 이론적 근거의 전부는 아니다. 왜냐하면 수학과 같은 분야가 주체화의 영역에서 어떤 기회를 제공할 수 있는지, 말하자면 수학이라는 분야와 만나고 수학화를 실천하는 것이 주체의 존재와 생성에 어떤 기회를 제공할 수 있는지에 대해서도 질문을 던질

---

21 수학적인 접근이나 수학적인 방법을 사용하여 어떤 주제, 문제, 또는 상황을 분석하고 이해하는 과정을 나타낸다(옮긴이).

22 이와 관련한 이론적 근거에 대해서는 Biesta 2005a 및 Valero와 Zevenbergen 2004 참조

수가 있기 때문이다. 이 점에서 우리는 수학 및 수학화의 도덕적 가능성도 탐구할 수 있다. 예를 들어, 나눗셈을 분할의 행위로 보는 것이 아니라 공정성과 정의에 대한 질문을 제기하는 나눔sharing[23]의 하나로 간주할 수가 있는 것이다. 이는 수학교육의 이론적 근거(좋은 수학교육을 위한 이론적 근거라고 할 수 있다)를 세 차원의 교육 목적에 참여함으로써 개발해야 함을 시사한다.

결론

이 장에서는 교육 목적의 문제를 다시 제기할 필요성이 있다는 점을 입증하고자 했다. 우리는 교육에 대한 논의가 측정에 의해 지배되는 것 같은 시대에 살고 있으며 이러한 측정은 교육정책뿐만 아니라 이를 통해 교육 실천에도 영향을 미친다는 것을 보여주었다. 이러한 상황이 초래하는 위험은 실제로 가치가 있는 것을 측정하는 것이 아니라 측정한 것에 가치를 부여하게 된다는 점이다. 그러나 궁극적으로 교육의 방향에 대해 어떤 결정을 내려야 할 때 정보를 제공해 주는 것은 후자이다. 그래서 나는 효과적인 교육이 아니라 좋은 교육이 무엇인가 하는 물음을 제기할 필요성을 주장한 것이다. 나는 교육의 목표와 목적에 대한 질문들이 왜 우리의 지평선에서 사라졌는지를 지적하고자 했고,

---

23 '나눔'에는 분할과 공유의 의미가 동시에 들어 있다고 볼 수 있다(옮긴이).

이러한 문제 사태를 구체적으로 학습 언어의 부상과, 더 넓게는 교육의 '학습화'와 연결했다. 그러나 나는 이 장에서 좋은 교육이 무엇인가 하는 질문에 답을 하려고 하지는 않았다. 여기에는 다양한 견해가 있을 뿐 아니라 교육의 목표와 목적에 대한 토론을 섣불리 종결하기보다 이 토론을 지속하는 것이 중요하다고 생각하기 때문이다. 이 장에서 역점을 둔 것은 무엇보다도 좋은 교육의 문제가 복합적인 질문이라는 것을 강조하는 것이었다. 이는 교육의 목표와 목적에 대한 논의에서 교육의 다양한 역할과 기능을 인식해야 한다는 것을 의미한다. 나는 교육의 세 가지 기능인 자격화, 사회화, 주체화를 구별하는 것이 유용할 수 있으며, 이것들을 교육의 분리된 측면으로 보기보다는 중복되고 얽혀 있고, 나아가 교육이 무엇에 관한 것인지 그리고 무엇에 관한 것이 될 수 있는지에 대해 어느 정도는 상충되기까지 하는 관계에 있는 것으로 보아야 한다고 주장했다. 나는 한편으로 이 세 가지 차원을 교육의 과정과 실천의 기능으로, 즉 교육이 '영향'을 미칠 수 있는 영역으로 제시했고, 다른 한편으로는 교육이 작동하는 세 가지 영역이라고 주장했다. 이러한 의미에서 이것들은 교육의 세 가지 잠재적 역할로도 볼 수 있다. 세 가지 차원을 구별하는 것이 항상 쉬운 것은 아니며, 이 세 가지 영역에서 일어나는 일들 간의 상호작용을 파악하는 것은 훨씬 더 어렵지만, 교육의 목적에 대한 논의에서 이러한 복잡성을 인식하고 이 점을 분명하게 밝히는 것이 중요하다고 생각한다. 만약 우리가 그렇게 하지 못한다면, 즉 우리가 좋은 교육의 문제를 정면으로 다루지 못한다면, 데이터, 통계, 성적표가 인간을 대신하여 의사결정을 해버릴 실제적인 위험이 있다. 그렇기 때문에 교육적 노력에서 좋은 교육과 관련된 질문에 중요한 위치를 부여하는 것이 중요하다. 이것은 최고 수준의 교육정책을 수립하는 데만이 아니라 학교에서 일상적인 교육적 실천을 하는 데에도 그에 못지않게 중요하다.

02
과학과 민주주의에서의
증거기반교육

02
과학과 민주주의에서의 증거기반교육

이 책의 서문에서 나는 좋은 교육의 문제가 교육에 관한 기술적이고 경영 관리적인 질문으로 전환되었다고 주장했다. 이런 질문은 교육의 과정에 있어서의 효율성과 효과성에 초점을 맞춘 질문이지 교육의 과정을 통하여 무엇을 얻고자 하는가에 대한 질문이 아니다. 교육에서 측정 문화의 부상은 이러한 전환의 한 징후이다. 이번 장에서는 이러한 경향의 또 다른 차원에 초점을 맞출 것이다. 이는 증거가, 보다 구체적으로 말하면 대규모 무작위대조테스트randomized control trials를 통해 도출된 과학적 증거가 교육에 관한 의사결정에서 중심적인 역할을 해야 한다는 주장과 관련이 있다. 이러한 증거가 교육 행위에 대한 의사결정에서 유일한 근거가 되어야 한다고까지 주장한 사람들도 있다. 이는 증거기반교육의 개념으로 표현되는 부류의 사고방식이다. 또한 그러한 증거가 적어도 근거 있는 정보에 입각한 교육evidence-informed education이라는 개념으로 표현된 교육적 의사결정에 필요한 정보를 제공해야 한다고 주장하는 이들도 있다. 이 장에서는 이러한 아이디어가 어느 정도 의미가 있으며, 특히 교육의 목표와 목적에 관한 논의와 관련하여 어디에서, 어떻게 그리고 왜 문제가 되는지를 탐색할 것이다.

증거기반교육으로의 전환

증거에 기초하여 교육을 해야 한다는 생각과, 교직이 증거기반직업이 되어야 한다는 생각은 최근 세계 여러 나라에서 두드러지게 나타나고 있다.[1] 영국에서 증거기반교육은 부분적으로 교육고용부[2]와 교육표준국Ofsted이 의뢰하여 작성된 교육 연구에 대한 비판적 보고서 등[3]이 계기가 되어 추진되었다. 이 보고서는 교육 연구의 질과 현실 적합성에 심각한 의구심을 드러냈는데, 구체적으로 교육 연구가 교육정책을 개발하기 위해 정부가 요구한 질문에 대한 답변을 제공하지 않았다는 점, 교육 전문가에게 업무에 대한 명확한 지침을 제공하지 않았다는 점, 단편적이고 누적적이지 않으며 방법론적으로 결함이 있다는 점, 종종

---

1 예: Davis 1999; Atkinson 2000; Oakley 2002; Slavin 2002; Feuer 등 2000; Simons 2003; Cutspec 2004; Thomas와 Pring 2004.
2 영국은 초중등 교육관련(초중등) 중앙부처 명칭이 시대에 따라 교육부, 교육과학부, 교육고용부, 교육기술부, 아동학교가족부를 거쳐 2010년 교육부로 바뀌어 현재에 이르고 있다(옮긴이).
3 the Hillage Report 1998; Tooley와 Varby 1998.

42 우리는 교육에서 무엇을 평가하고 있는가

편향적이고 정치적 의도가 내재되어 있다는 점 등을 지적했다.[4]

교육 연구의 적합성에 대한 질문은 정책 입안자와 교육 실무자만이 아니라 교육 연구 커뮤니티 내부에서도 제기되었다. 한편으로 교육 연구는 교육 연구자들에게 전적으로 일임해서는 안 되며 그 내용과 방법에 있어서 일관성 있게 의제를 설정하여 실질적으로 적합성을 높여야 한다고 주장했다. 다른 한편으로 교육 실천은 교육자의 의견에 맡겨서는 안 되며 연구에 의한 증거를 토대로 해야 한다는 주장이 제시되었다. 교육 연구와 실천 모두 달라져야 한다는 이중의 변화에 대한 요구는 증거기반교육에 관한 아이디어의 핵심에 놓여 있다.[5]

영국에서는 교육 연구와 실천의 변화에 대한 요구로 인해 연구와 정책 및 실천 간의 격차를 좁히는 것을 목표로 하는 일련의 조치들이 취해졌다. 그중에는 연구에 대한 체계적인 검토를 통해 연구 결과를 종합하려는 노력을 비롯하여 다양한 교육 관련 고객들이 연구 결과를 보다 쉽게 이용할 수 있도록 하려는 시도들도 있다. 또한 내용 및 방법론과 관련하여 교육 연구의 의제를 일관성 있게 설정하려는 노력들도 있다. 증거기반교육의 지지자들은 후자와 관련하여 '효과가 어떠한가'에 대해 확실한 증거를 제공할 수 있는 유일한 방법으로서 실험 연구를 강력하게 추진해야 한다고 주장한다.[6]

미국에서도 교육 연구의 질과 영향력에 대해 비슷한 우려가 제기되

---

4   Pring 2000, p. 1.

5   Davies 1999, p.109; Fox 2003, p. 93.

6   Hargreaves 1999; Oakley 2002; Cutspec 2004, pp. 1-2 참조

었지만, 이러한 논의가 갖는 의미는 영국보다 훨씬 극적이었고, 일부의 경우 교육 연구의 지형을 근본적으로 변화시켰다.[7] 교육 연구가 '효과가 어떠한가'에 대해 말할 수 있어야 한다는 생각은 1980년대에 이미 분명히 밝혀졌지만,[8] 1990년대 후반에 이르러서야 이러한 사고방식이 연방 연구 기금에 관한 법률에 영향을 미치기 시작했다. 2001년 초중등 교육법No Child Left Behind이 재승인된 이후 강제된 것은 아니지만 무작위대조현장테스트randomized controlled field trials라는 '황금 표준'이 교육연구의 방법론으로 선호되었다.[9] 교육에서 과학적 연구로 간주되는 것에 대한 보다 광범위하고 포괄적인 정의가 나타나는 징후가 있기는 하지만,[10] '효과가 어떠한가'를 확인하기 위하여 실험연구에 의한 인과관계 분석을 해야 한다는 요구는 여전히 지배적이다.[11]

증거기반교육의 실천 사례는 대서양 양쪽에서 많은 논의를 불러 일으켰다. 증거기반교육의 지지자들은 "의학, 농업, 교통 및 기술과 같은 분야에서 20세기 내내 서구 경제와 사회의 성공적인 면을 특징짓는 점진적이고 체계적인 개선"을 창출했던 패턴을 이제는 교육 연구가 받아들여야 때라고 강조한다.[12] 그들의 주장에 따르면 "의학, 농업 및 기타 분야에서의 탁월한 진보를 이룩한 가장 중요한 이유는 실천가들이 실

---

7   Eisenhart와 Towne 2003 참조
8   Bennet 1986 참조
9   Slavin 2002, p. 15; Cutspec 2004, p. 5.
10   National Research Council 2002; Feuer et al., 2002; Erickson and Guttierez 2002 참조
11   Slavin 2002; 2004; Mosteller와 Boruch 2002 참조
12   Slavin 2002, p. 16.

천의 기초로서 증거를 수용했으며, 응용을 목적으로 한 처방의 효과성을 누가 봐도 의심할 여지없이 입증할 수 있는 무작위대조테스트"가 실시되었기 때문이다.[13]

증거기반교육에 반대하는 사람들은 교육 분야에 있어서 증거기반 접근법이 적절한지에 대해 많은 의문을 제기했다. 어떤 사람들은 교육과 의학의 상동성homology에 의문을 제기했고,[14] 이 영역에서는 증거의 의미가 다르다는 것을 지적했다.[15] 그리고 증거기반교육의 아이디어를 뒷받침하는 실증주의적 가정에 의문을 제기하고 증거기반교육에 수반되는 협소한 개념을 비판한 사람들도 있다.[16] 또 다른 사람들은 증거기반교육의 경영관리적 의제와 교육의 개선에 대한 선형적이고 하향식 접근 방식과,[17] 교육의 연구와 실천에서 가치가 지니는 역할의 중요성에 대한 인식의 결여[18]를 비판했다.

이어서 증거기반실천이라는 아이디어와 그것이 교육의 영역에서 추진되고 실행되는 방식을 비판적으로 살펴보고자 한다. 교육의 연구와 실천이 의사소통과 상호작용 방식을 개선할 수 있는 여지는 분명

---

13 Ibid., p. 16.

14 예: Davies 1999; Pirrie 2001; Simon 2003.

15 Nutley, Davies와 Walter 2003.

16 예: Atkinson 2000; Elliot 2001; Berliner 2002; St. Pierre 2002, Erickson과 Guttierez 2002; Oliver 와 Conole 2003.

17 예: Brington 2000; Hammersley 2000; Ridgway, Zawojewski와 Hoover 2000; Davies 2003; Fox 2003; Olson 2004.

18 예: Davies 1999; Burton과 Underwood 2000; Memmersley 2000; Elliot 2001; Wilinsky 2001; Sanderson 2003; Oliver와 Conole 2003.

있다고 생각한다. 이는 교육학이 하나의 학문 분야로 자리 잡은 이래 핵심적인 이슈였다.[19] 그러나 현재 제시되고 추진되고 있는 증거기반 실천이 이런 문제를 다루기에 가장 적합한 모형을 제공한다고는 믿지 않는다. 나는 특히 교육의 실천과 연구에 있어서 과학적 통제와 민주적 통제 간의 긴장에 관심을 가지고 있다. 연구의 측면에서 증거기반교육 은 기술 관료적 모형을 선호하는 것으로 보인다. 이 모형에서는, 유일 하게 타당한 연구문제는 교육적 수단과 기법의 효과에 관한 문제라고 가정하며, 무엇보다도 '효과적인' 것으로 간주되는 것은 결국에는 교육 적으로 바람직한 것이 무엇인가에 대한 판단에 달려 있다는 사실을 망 각한다. 실천의 측면에서 증거기반교육은 교육 실천가가 자신의 개별 적인 상황에 대해 민감하고 적절하게 이러한 판단을 내릴 수 있는 기회 를 심각하게 제한한다. '효과가 어떠한가'에 초점을 맞추면, 교육의 실 천이 지향하는 목적이 무엇이어야 하고 이를 결정할 때 누가 발언권을 가져야 하는지에 대한 질문을 하는 것이 불가능하지는 않더라도 어려 워진다. 논의 전개를 위해 증거기반교육의 세 가지 주요 가정을 검토할 것이다. **우선**, 증거기반실천이라는 개념이 처음으로 제시된 의료 분야 의 실천과 교육의 실천을 어느 정도 비교할 수 있는지에 대해 질문을 제기할 것이다. **이어서** 연구 결과에 의해 정보를 얻고자 하는 전문적 실천에 어떤 인식론이 적절한지에 대한 질문에 특별한 주의를 기울이 면서 전문적 행위에서 연구 혹은 지식의 역할을 어떻게 이해해야 할지

---

19 예: Lagemann 2000.

를 살펴볼 것이다. **마지막으로,** 증거기반교육이라는 개념에 내포된 연구의 실천적 역할에 대한 기대를 살펴볼 것이다.

교육에서의 전문적 행위

증거기반실천이라는 개념은 의료 분야에서 비롯되었다. 처음에는 의대생을 가르치기 위해 개발되었지만 증거기반의학은 임상실습 및 임상관련 의사결정의 주요 패러다임이 되었다. 증거기반실천은 의학에서 대부분의 다른 건강 영역으로 확산된 것을 넘어 사회사업, 보호관찰, 인적자원 관리, 그리고 마지막으로 교육과 같은 전문적 활동 분야에서 지지되고 채택되었다.[20] 언뜻 보면 증거기반실천은 연구와 전문적인 실천을 보다 밀접하게 결합시키는 매력적인 프레임을 제공하는 것처럼 보일 수 있지만, 이것이 모든 전문적인 활동 분야에 간단히 적용할 수 있는 중립적인 프레임을 제공하는 것인지, 아니면 전문적인 실천에 대한 특정의 관점을 제공하는 프레임인 것인지는 의문의 여지가 있다.[21] 만일 후자가 사실이라면(아래에서 그것이 사실이라고 주장할 것이다), 이 프레임이 교육 분야에도 적합한지를 질문할 필요가 있다.

증거기반실천의 핵심개념은 효과적인 개입이다.[22] 증거기반실천은

---

20 Sackett 등 1996; Sackett 등 1997; Davies, Nutley와 Smith 2000 참조

21 Hammersley 2001; Elliot 2001 참조

22 예: Evans와 Benefield 2001, p. 528; Oakley 2002, p. 278; Slavin 2002, p. 16, 18; Hoagwood와

전문적인 행위를 개입으로 간주하며 연구를 통해 개입의 효과에 대한 증거를 얻을 수 있는지 묻는다. 다시 말하면 연구를 통해 "효과가 어떠한가" 하는 것을 알아내야 하며, 이를 수행하는 주요 방법은 실험 연구, 특히 무작위대조테스트 형태의 실험연구라고 주장하는 경우가 종종 있다.

효과적인 개입으로서의 전문적 행위란 개념은 증거기반실천이 인과 모델에 따른 전문적 행위를 필요로 한다는 것을 나타낸다.[23] 이 모델은 전문가들이 모종의 효과를 내기 위해 무언가를 처리한다든가, 특정 상황에서 개입하는 등 무언가를 시행한다는 생각에 바탕을 두고 있다. 효과적인 개입이란 원인으로서의 개입과 그 성과 또는 결과(효과) 사이에 확실한 관계가 있는 개입이다. 여기서 '효과성'은 도구적 가치라는 사실에 유의해야 한다. 이것은 과정의 질을 말하는 것이지만 개입이 가져오는 결과에 대해서는 아무것도 말해주는 것이 없다(결과, 즉 목적은 이미 정당한 것으로 가정하고 있음을 의미함, 옮긴이). 이것은 무엇보다도 효과적인 가르침이나 효과적인 학교 교육에 관해 언급하는 것이 무의미하다는 것을 의미한다. 따라서 항상 물어야 할 질문은 '무엇에 효과가 있는가?' 하는 것이다. 또한 증거기반실천은 전문적인 행위에 있어서 수단과 목적의 분리를 필요로 하는 것으로 여겨진다.[24] 증거기반 실천에서는 전문적인 행위의 목적은 주어진 것이기 때문에 유일하게

Johnson 2003, pp. 5-8 참조

23 Burton와 Chapman 2004, p. 60; Sanderson 2003, pp. 335-338 참조

24 Elliot 2001, pp. 558-559 참조

타당한 전문적인 질문과 연구 문제는 그러한 목적을 달성하는 가장 효과적이고 효율적인 방법에 관한 것이라고 가정한다. 이 점에서 증거기반실천은 전문적 행위에 대한 기술적 모델을 필요로 한다.

나는 이러한 가정이 건강과 관련한 매우 특수하고 협소한 개념에 한정할 때 의학 분야에서는 타당할 수 있다고 생각하지만 이 가정들을 교육의 영역까지 쉽게 확대할 수 있다고는 생각하지 않는다. 인과관계의 역할에서 시작하자면, 학생이 되는 조건이 환자가 되는 조건과 상당히 다르다는 명백한 사실을 제외하더라도(가르침이 치료가 아니듯이 학생이 된다는 것은 질병이 아니다), 교육이 인과관계 과정이라는 주장에 대한 가장 중요한 반대 논거는 교육이 신체적 상호작용의 과정이 아니라 상징적 상호작용 또는 상징적으로 중재된 상호작용의 과정이라는 사실에 있다.[25] 가르침이 학습에 어떤 영향을 미친다면 이는 학생들이 가르침 받은 것을 해석하고 이해하기 위해 노력하기 때문이다. 교육은 (상호) 해석의 과정을 통해서만 가능하다.[26] 많은 사람들이 교육을 인과관계 기술로 전환하려고 하지만(이러한 노력은 흔히 학습을 결정하는 모든 요소를 찾고 궁극적으로 제어하기 위해서는 더 많은 연구가 필요할 뿐이라는 생각에 기반을 두고 있다), 그러나 교육은 '인풋과 아웃풋'의 과정이 아니다. 혹은 시스템 이론의 언어로 말하면, 교육은 개방적이고 되먹임하는 체계다. 이러한 단순한 사실은 **교육을 가능하게 하는 것이 바로 교육적 테크놀로지의 불가능성**이라는 점을 말해준다.[27] 우리는 교사의 활동을 개입이라고 할

---

25 Burton과 Chapman 2004, p. 59; Hammersley 1997; Olsen 2004.

26 Anderstraeten과 Biesta 2001 참조

수도 있고 가르침이란 항상 기존의 사건 진행 과정에 어떤 식으로든 개입하는 것이라고 주장할 수도 있지만, 이러한 개입은 어떤 결과를 낳는 원인이 아니라 학생들이 응답하는 기회, 그리고 이러한 응답을 통해 무언가를 배우는 기회로 생각해야 한다.[28]

　이와 관련하여 증거기반실천에 함축된 전문적 행위에 대한 두 번째 가정을 살펴본다. 이것은 교육을 수단과 목적이 분명하게 구분되는 기술적 과정으로 이해할 수 있으며, 목적은 주어진 것이기 때문에 유일하게 타당한 전문적인 질문과 연구 문제는 그러한 목적을 달성하는 가장 효과적이고 효율적인 방법에 관한 것이라는 생각이다. 이러한 사고방식을 교육에 적용하는 데는 두 가지 문제가 있다. 첫 번째 문제는 특정 목적을 달성하는 가장 효과적인 방법을 찾는다 해도 그에 따라 행동하지 않기로 결정할 수 있다는 것이다. 학교교육의 성공에 가장 큰 영향을 미치는 요인은 가정환경이며, 더 중요한 것으로, 아이들의 초기 몇 년간의 경험이라는 것을 보여주는 연구 증거들이 상당히 많다. 이것은 교육에서 성공하는 데 가장 효과적인 방법은 자녀를 어린 나이에 부모로부터 분리하여 '이상적인' 환경에 두는 것임을 시사한다. 가정환경에 개입하려는 많은 전략들이 있지만, 아무리 효과적인 길이라 해도 대부분의 사회에서는 이와 같은 방식으로 개입하는 것은 바람직하지 않다고 생각한다. 이것은 개입의 효과에 대한 지식이 교육적 행위를 결정함에 있어서 엄밀한 의미로 충분한 근거가 될 수 없다는 것을 말해준다.

27　Biesta 2004b 참조
28　Burton과 Chapman 2004, pp. 60-61; Biesta 2006a 참조

특정한 방식의 개입이 과연 바람직한지에 대해서는 항상 의문의 여지가 있다.[29]

두 번째 요점은 이렇다. 교육의 경우는 교육 활동과 전략, 그리고 개입(이 단어를 사용하기를 원한다면)이 과연 그렇게 바람직한지에 대해서만이 아니라 우리의 행위가 어떤 교육적 영향을 미칠지에 대해 항상 질문을 제기할 필요가 있다. 우리는 모든 경우에 체벌이 파괴적인 행동을 억제하거나 통제하는 가장 효과적인 방법이라는 결정적이고 경험적인 증거를 가지고 있을 수 있다. 그러나 카 David Carr가 주장했듯이,[30] "그럼에도 불구하고 그러한 방법은 피해야 한다. 왜냐하면 이는 아이들에게 자신의 의지를 강요하거나 폭력을 행사함으로써 자신이 바라던 것을 얻는 것이 최후의 수단으로 적절하거나 허용된다는 것을 가르치는 것이기 때문이다." 여기서의 요점은 교육의 수단과 목적이 기술적으로 또는 외적으로 연결되어 있지 않고 내적으로 또는 구조적으로 관련되어 있다는 것이다. 우리가 교육에서 사용하는 수단은 성취하고자 하는 목적과 관련하여 중립적이지 않다. 교육에서 우리는 어떤 수단이 '효과적'이라고 해서 무턱대고 그것을 사용하지는 않는다. **우리가 사용하는 수단은 "그것을 사용함으로써 성취하는 바로 그 목표의 … 성격에 질적으로 영향을 미친다."**[31] 그래서 교육은 본질적으로 기술적 기업이라기보다 도덕적 실천이다.[32]

---

29 Sanderson 2003 참조
30 Carr 1992, p. 249.
31 Ibid.

이러한 점들을 고려하는 것은 증거기반실천에 함의된 전문적 행위 모델이, 말하자면 미리 주어진 특정의 목표를 달성하기 위한 인과적 수단으로서의 처방 혹은 개입이라는 개념이 교육의 영역에는 적합하지 않다는 것을 의미한다. 교육에 필요한 것은 교육적 상호작용의 비인과적 성격과 아울러, 교육의 수단과 목적이 외적이 아니라 내적으로 연결되어 있다는 사실을 인정할 수 있는 전문적 행위 모델이다. 다시 말해서, **교육은 기술적인 실천이 아니라 도덕적 실천이라는 점을 인식하는 것이 필요하다.** 이것은 아리스토텔레스가 말하는 프로네시스phronesis(실천지)와 테크네techne(도구적 지식)의 구별로 거슬러 올라간다.[33] **그러므로 교육 전문가에게 가장 중요한 질문은 행위가 얼마나 효과적인가에 관한 것이 아니라 그 행위의 잠재적인 교육적 가치, 즉 그 행위가 초래하는 학습의 기회가 과연 교육적으로 바람직한가에 관한 것이다.** 그러므로 증거기반실천에 있어서 '효과가 어떠한가'라는 의제는 적어도 불충분하며 교육의 경우 아마도 자리를 잘 못 잡은 것일 수 있다. 왜냐하면 교육에서의 판단은 단순히 가능한 것(사실 판단)에 대한 것이 아니라 교육적으로 바람직한 것(가치 판단)에 관한 것이기 때문이다. 이와 관련하여 샌더슨Ian Sanderson[34]은 다음과 같이 결론지었다. "교사가 제기해야 할 질문은 단지 '효과가 어떠한가'라는 것이라기보다는 보다 더 폭넓게, '이러한 상황에서 이 아이들에게 적합한 것이 무엇인가'라는 것이어야 한다".[35] '효과가 어떠한가'에 대

32 Carr 1992, p. 248; Elliot 2001 참조

33 Aristotle 1980, 특히 책 VI; Biesta 2009b 참조

34 Sanderson 2003.

한 연구가 규범적이고 전문적 판단을 대체할 수 있다고 주장하는 것은 단지 '사실'에서 '당위'로 부당하게 비약하는 것만이 아니다. 이것은 또한 어떠한 수단이 '효과적'이라는 증거가 있더라도 교육 실천가들이 그로 인해 초래되는 행동방향을 교육적으로 바람직하지 않다고 판단한다면 그러한 증거에 따라 행동하지 않을 수 있는 권리를 부정하는 것이기도 하다.[36]

전문적 판단과 실천적 인식론

전문적 판단이 교육 실천의 핵심이며 이 판단의 본질이 기술적이기보다는 도덕적이라고 해서 교육 연구의 결과가 교육과 관련하여 전문적 판단을 내리는 데 도움이 되지 않는다고 할 수는 없다. 이와 관련하여 내가 탐구하고자 하는 두 번째 문제는 연구 결과가 교육의 실천에 영향을 미칠 수 있는 방식을 어떻게 이해할 것인가 하는 점이다. 이를 위해 우리는 인식론적인 질문으로 방향을 돌릴 필요가 있다(그리고 관련 토론에서 이 문제에 거의 관심을 기울이지 않았다는 것은 놀라운 일이다).[37] 여기서의 주된 질문은 (전문적인) 행위에서 지식의 역할을 충분히 이해하기 위해 어떤 종류의 인식론이 적절한가 하는 것이다. 이 질문에 대한

---

35 Ibid., p. 341.

36 Burton과 Chapman 2004 참조

37 예외로 Berliner 2002; Sanderson 2003; Eraut 2003; Burton과 Chapman 2004 참조

답을 얻기 위해 서양 철학에서 가장 강력하고 정교한 '실천적 인식론'의 하나를 개발한 존 듀이John Dewey의 연구를 면밀히 살펴보고자 한다.[38]

연구가 교육 실천에서 어떻게 활용될 수 있고 활용되어야 하는지에 대해서는 다양할 견해가 있을 수 있지만, 연구는 우리에게 '효과가 어떠한가'라는 물음에 대해 알려줄 수 있는 것이 있다는 점, 정책과 실천의 가능한 효과에 대한 '확실한 증거', 보다 일반적으로 말하면 '효과성'에 대한 '확실한 증거'를 제공할 수 있다는 점에 대해서는 거의 만장일치의 기대가 있는 것으로 보인다. 이러한 기대가 궁극적으로 정당화되는 것인지 여부는, 연구가 달성할 수 있는 것에 대한 이해에 수반되는 인식론적 가정에 달려 있다. 이 점에 대해서 듀이의 사상은 연구에서 기대할 수 있는 것과 관련하여, 그리고 교육을 실행함에 있어서 연구를 어떻게 활용할 수 있는지에 대한 질문과 관련하여 의미가 있다.

듀이 인식론의 가장 중요한 측면은 비물질적인 마음과 물질세계 사이의 이원론을 전제하지 않았다는 사실에 있다. 이러한 이원론은 적어도 데카르트가 현실을 '사유 실체res cogitans'와 '연장 실체res extensa'로 구분한 이후 현대 인식론의 기본 틀이 되어 왔다. 듀이가 제안하는 인식론은 한편으로 "순전히 개인적이거나 '주관적'이며 그 존재가 전적으로 심리적이고 비물질적인 인식자와 … 다른 한편으로 단순히 보편적이거나 '객관적'이면서 그 존재가 전적으로 기계적이고 물리적인 세계"가 어떻게 서로 소통할 수 있는가 하는 불가능한 질문으로 시작하지 않는

---

38 Biesta와 Burbules 2003 참조

다.[39] 대신 그는 지식의 문제를 행위 이론의 틀에서 접근한다. 이 틀에서 보면 안다는 것은 '행위하는 방법'으로 이해된다. 그래서 우리는 듀이의 입장을 지식의 이론theory of knowledge이 아니라 앎의 이론theory of knowing이라고 부르려고 하는 것이다.[40]

듀이의 인식론에서 핵심이 되는 개념은 경험이다. 경험은 의식이나 심리적 인식에 관한 것이 아니라 살아있는 유기체와 그 환경 간의 교변작용transaction[41]을 의미한다. 경험에 대한 듀이의 교변작용적 이해라는 개념이 제시하는 기본적인 프레임에 따르면 소위 앎이란 것은 더 이상 물질세계를 바라보고 그 안에서 일어나는 일을 기록하는 비물질적인 마음에 관한 것(듀이는 이를 지식 관망자 이론이라 했다)이 아니다. 듀이에게 있어서 앎은 유기체 외부의 세계에 관한 것이 아니라 인간의 행위와 그 결과 간의 관계에 관한 것이다. 이것이 앎에 대해 듀이가 주장한 교변작용 이론의 핵심 개념이다.

안다는 것은 우리의 행동과 그 결과 간의 관계를 파악하고 이해하는 것이기 때문에 적어도 맹목적인 시행착오의 경우보다 자신의 행동을 더 잘 통제하는 데 도움이 될 수 있다. 듀이에 따르면 "통제 가능성이 있는 경우에 지식은 그것을 실현할 수 있는 유일한 매개수단이다".[42]

---

39 Dewey 1911, p. 441.

40 Biesta 2004c 참조

41 상호작용과 유사한 개념이지만 듀이는 유기체와 환경이 단순히 서로 관계하는 것이 아니라 서로 영향을 주고받으면서 유기체도 변하고 환경도 변화한다는 의미로 후기에 이르러 '교변'이라는 표현을 더 많이 사용했다(옮긴이).

42 Dewey 1925, p. 29.

여기서 "통제"는 완전한 지배를 의미하는 것이 아니라 우리의 행동을 현명하게 계획하고 방향을 제시할 수 있는 능력을 의미하는 것임을 알아야 한다.

듀이의 교변작용적 앎의 이론transactional theory of knowing이 현재의 논의에 중요한 이유는 인간의 행동에서 지식이 수행하는 역할을 이해하는 기본 틀을 제공하기 때문이다. 듀이의 접근법을 이해하기 위해서 무엇보다도 중요한 것은 행동하기 위해 지식을 가질 필요가 전혀 없음을 아는 것이다. 행동하기 전에 '세계'에 대한 정보가 필요한 것은 아니라는 의미이다. 살아있는 유기체로서 우리는 이미 활동을 지속하고 있다. 즉 우리는 이미 환경과 교변작용을 항상 하고 있을 뿐이다. 그렇다고 세계와 교변작용을 한 결과로 배우지 않는다는 의미는 아니다. 경험에 관한 모든 생각은 바로, 우리는 '행위'의 결과를 받아들이면서 그 결과로 우리가 변화한다는 것이다. 듀이의 설명에 따르면 경험은 유기체 구조의 변화를 초래하고 이러한 변화는 이어지는 행동에 영향을 미친다.[43] 그는 이런 변화를 습관이라고 말한다. 습관은 행동의 패턴이 아니라 행동하려는 성향이다.

우리는 기본적으로 시행착오의 과정을 통해, 보다 이론적인 언어로 말하면 실험을 통해 습관을 들인다. 매우 근본적인 의미에서 실험은 무엇이든 배울 수 있는 유일한 방법이다. 우리가 배우는 것은 행동을 하고 그 후에 그 결과를 경험하기 때문이다. 그러나 듀이에게 있어서는

---

43 Dewey 1938, p. 38.

한편으로 맹목적인 시행착오, 즉 숙고와 방향성이 없는 실험과, 다른 한편으로 그가 지적인 행동이라고 부른 것 사이에는 결정적인 차이가 있다. 이 둘의 차이는 사고 또는 성찰의 개입, 즉 상징적 조작의 사용과 관련이 있다.

행동에서 사고가 하는 역할에 대한 듀이의 생각을 이해하려면 **새로운 습관을 배우고 습득하는 것은 유기체와 환경의 교변작용이 중단되는 상황에서만 이루어진다**는 사실을 알아야 한다. 이러한 상황에서 적절한 대응을 찾는 한 가지 방법은 시행착오를 하는 것이다. 때로는 이것이 성공할 수도 있지만 때로는 그렇지 않을 수도 있다. 시행착오가 문제해결의 매우 효율적인 방법이 아닐 수도 있다는 사실은 논외로 치더라도 문제를 해결하려는 일부 시도가 돌이킬 수 없는 위험을 초래할 수도 있다. 즉, 이러한 시도가 문제를 해결하지 못하면 문제해결이 영영 불가능할 수도 있는 것이다. 듀이에 따르면, 이 어려움에서 벗어나는 길은 명시적인 행동보다는 상징적인 수준에서 다양한 행동 노선을 실험하는 것이다. 이것이 바로 사고가 하는 일이다. 그것은 "경쟁하는 잠재적인 여러 행동 노선을 드라마 식으로 리허설하는 것(상상 속에서)"이다.[44] 구체적인 행동 노선의 선택은, "명시적인 행동의 회복에 적절한 자극을 제공하는 대상을 상상 속에서 떠올리는 것"으로 이해되어야 한다.[45] 물론 이 선택이 실제로 조율된 교변작용으로 이어져 문제가 해결될지는 실제로 행동해 봐야만 분명해질 것이다. 사고와 숙고 자체는 문제를 해결

---

44 Dewey 1922, p. 132.
45 Ibid., p. 134.

할 수 없으며 선택한 대응이 성공할 것이라고 보장할 수도 없다. 그러나 사고와 숙고는 맹목적인 시행착오 선택의 과정을 보다 지적인 것으로 만들 수가 있다.

우리가 습관의 차원에서만 배우지 않는 것은 실험적 문제해결이 상징적 조작, 사고 및 숙고 등에 내재되어 있기 때문이다. 우리는 미래의 문제를 다루는 데 있어서 습관에만 의존하지 않고 이와 같은 '상징적 자원'도 아울러 추가한다. 우리의 지식이 '세계'에 대한 지식이 아니라 우리의 행동과 이 특정 상황에서 이 행동이 초래한 결과 간의 관계에 대한 지식이라는 점을 망각하지 않을 때 우리는 지식을 획득했다고 할 수 있다. 어쨌든 듀이가 말한 교변작용의 관점에 따르면, 이것은 세계가 우리에게 '모습을 드러내는' 유일한 방법이다.

반성적 실험 문제해결에 대한 앞의 설명(듀이가 탐구라고 부른 과정)은 지식의 습득에 대한 듀이 이론의 기본 모형이다. 이 견해의 주요 의미 가운데 하나는, 탐구 또는 연구는 '저 바깥에 존재하는' 세계에 대한 정보가 아니라 행동과 그 결과 간의 가능한 관계에 대한 정보만을 제공한다는 것이다. 일상적인 문제해결의 경우 우리는 행동과 그 결과 사이의 가능한 관계에 대해 배운다. 무작위대조테스트의 경우는 실험 처치와 측정된 결과 사이의 가능한 관계에 대해 배운다. 그러나 어느 경우에도 탐구와 연구는 '저 바깥에 존재하는' 세상에 대한 진리를 말해주기보다는 우리가 실천한 행동과 그에 따른 결과 간의 관계에 대해 '검증된 주장warranted assertions'만을 제공한다. 이것은 탐구와 연구가 가능한 것만을 말할 수 있다는 것, 보다 정확히 말하면 이미 가능했던 것만을 보여줄 수 있다는 것을 의미한다. **간단히 말해서 연구는 우리에게 무엇이 효과가 있었는지는 말해줄 수 있지만, 무엇이 효과가 있을지는 말해주지 못한다.**

그러나 탐구 과정에 대한 듀이의 설명은 지식을 습득하는 방법에 대한 설명일 뿐만 아니라, 동시에 문제해결 방법에 대한 설명이기도 하다. 후자의 관점에서 볼 때 듀이의 설명은 또한 우리에게 전문적인 행위의 모델을 제공하고 있고, 더 중요한 것은 행동에서 지식이 지니는 역할에 대한 관점을 제공한다는 점이다. 듀이의 설명에는 세 가지 중요한 점이 있다. 우선, 듀이에게 있어서 전문적인 행위는 확실히 검증된 처방을 따르는 것이 아니라 구체적이고, 어떤 의미에서는 항상 유일한 문제를 다루는 것이다. 듀이의 교변작용 관점에 따르면 세계와의 교변작용에는 구조, 형태, 지속성이 있지만, 시간이 경과해도 상황이 그대로 유지될 것이라고 기대해서는 안 되며, 특히 사회적 영역에서는 절대로 그렇게 기대해서는 안 된다는 것을 말해준다.

둘째, 이전의 상황에서 습득한 지식(또는 다른 상황에서 다른 사람이 습득한 지식)은 규칙이나 처방의 형태로 반성적 문제해결의 과정에 들어가지 않는다는 것을 아는 것이 중요하다. 듀이는 "어떤 과학적 연구의 결론도 교육의 기술에 바로 활용 가능한 규칙으로 전환될 수는 없다"고 했다.[46] 이것은 연구가 우리에게 줄 수 있는 기껏해야 가능성을 이해하는 것, 즉 무엇이 효과가 있을지가 아니라 무엇이 효과가 있었는지에 대한 가능성을 이해하는 것이기 때문이기도 하지만, 반성적 문제

---

46   Dewey 1928, p. 9.

해결에서 우리는 단지 해야 할 일을 알기 위해서만 '오래된' 지식을 활용하는 것은 아니기 때문이기도 하다. 우리는 '오래된' 지식을 활용하여 문제가 무엇인지 이해하고 가능한 행동 노선을 지적으로 선택하도록 안내받는다. 즉, '오래된' 지식은 문제를 보다 지적으로 해결하는 데 도움이 된다. 그러나 "백문이 불여일견"이란 말이 있듯이 증거는 항상 뒤따르는 행동 속에 들어 있다. 이런 행동은 문제에 대한 이해의 적절성과 제안된 솔루션의 적절성을 하나의 동일한 프로세스에서 '검증'할 것이다.[47]

셋째, 이러한 주장은 연구에서 너무 많은 것, 혹은 잘못된 것을 기대하지 않는 한, 그리고 전문적인 판단은 어떤 점에서 항상 유일한 상황에 관한 것임을 염두에 두는 한, 듀이는 전문적 행위에 대한 기술적 관점에 반대하지 않으리라는 점을 의미하는 것으로 보일 수도 있다. 그러나 듀이에게 있어서 문제해결은 단순히 특정 목적을 달성하기 위한 올바른 수단을 찾는 것이 아니다. 듀이의 관점에서 보면 지적인 문제해결에는 수단과 목적이 모두 포함되어야 한다. 우리는 문제해결의 상황에 영향을 미치는 물리적 수단으로서의 기능과 관련하여 '존재상의 재료(수단을 가리킴-옮긴이)'도 판단해야 하지만,[48] 동시에 활용 가능한 수단에 기초하여 목적 자체에 대해서도 동일한 과정으로 평가할 필요가 있다. 탐구 과정의 핵심은 '수단-결과(목적)'를 서로 밀접하게 결합된 관계로 설정하는 것이다.[49]

---

47 검증에 대한 Dewey의 견해는 Biesta와 Burbules 2003, pp. 68-71 참조
48 Dewey 1938, p. 490.

이상의 결론은 연구자로서의 역할이나 전문 교육자로서의 역할에 있어서 우리는 주어진 문제의 정의와 사전에 결정된 목적을 그대로 받아들여서는 안 된다는 것이다. 듀이는 연구와 전문적 실천 모두에 있어서 어떤 목적이든 가설의 성격을 가지고 있으며, 그러한 가설은 수단이 되는 존재상의 조건과의 밀접한 상관관계 속에서 형성되고 개발되고 검증되어야 한다고 강력하게 주장한다.[50] 따라서 우리는 주어진 문제의 정의를 탐구 과정의 결과에 따라 바뀔 수 있는 가설로 접근해야 한다. 말하자면 듀이는 수단에 대해서만이 아니라 목적 및 우리가 다루는 문제의 해석에 대해서도 실험적이어야 한다고 주장한다. 이런 맥락에서만 사회적 영역에서의 탐구는 우리가 바라는 것이 성취 가능한지, 그리고 그것을 달성하는 것이 바람직한지 여부를 확인하는 데 도움이 될 수 있다. 따라서 듀이의 '실용주의적 테크놀로지'[51]는 좁은 의미에서 사회공학이나 사회통제에 관한 것이 아니다. 사회적 영역에서의 행위는 인간의 목적 및 결과와의 본질적인 관계가, 즉 사회적 영역에서의 탐구에 들어 있는 정치적 성격이 충분히 고려될 때에만 지적인 행위가 될 수 있다.

따라서 듀이의 실천적 인식론은 증거기반교육의 모델에 대한 중요한 대안을 제시한다. 여기에는 두 가지 중요한 차이점이 있다. 첫째 듀이는 '증거'가 행동을 위한 규칙이 아니라 문제를 지적으로 해결하기

---

49 Ibid.
50 Dewey 1938, p. 490.
51 Hickman 1990.

위한 가설만을 제공한다는 것을 보여준다.[52] 다시 말하면, 지식이 어떻게 실천에 도움을 줄 수 있는지를 이해하기에 충분한 실제적인 인식론을 원한다면 연구를 통해 얻을 수 있는 지식이, 현재 어떤 효과가 있고 앞으로 어떤 효과가 있을지에 대한 지식이 아니라 과거에 어떤 효과가 있었는지에 대한 지식이라는 점을 인정해야 한다. 이런 지식을 활용하는 유일한 방법은 이를 지적이고 전문적인 행위의 도구로 받아들이는 것이다. 듀이의 접근 방식과 증거기반실천에 대한 전통적인 관점의 두 번째 차이점은 연구이건 전문적인 행위건 결정된 목적을 달성하는 가장 효과적인 수단에만 집중해서는 안 된다는 것이다. 연구자들과 실천가들은 목적에 대한 탐구에도 참여하면서 수단에 대한 탐구와의 밀접한 관련을 유지해 나가야 한다. 교육에 있어서 바람직한 것이 무엇인지에 대해 체계적으로 탐구하는 일은 교육 연구자와 교육 실천자에게만 해당되는 것이 아니라 사회 전반으로 확장되는 과제이다. 민주주의 사회는 바로 교육의 목적이 고정되어 있지 않고 끊임없는 토론과 숙고의 화두가 되는 사회이다.

---

52 이 주장을 우리의 교육현실에 비추어 재해석하면 교사들은 부단히 연수를 받아야 하지만 연수받은 내용을 교육 활동 속으로 그대로 끌고 들어와서는 안 된다는 것을 시사한다. 아무리 학문적으로 그 타당성이 인정된 내용이라 할지라도 교사들은 이를 하나의 가설로서 받아들이고 교육 활동 속에서 지속적으로 검증해 나가는 것이 연수를 받는 의미라고 할 수 있다. 다시 말하면 교육 활동 속에서 항상 새로운 대안을 찾는 노력을 지속해야 함을 말하는 것이다(옮긴이).

교육연구의 실천적 역할

'효과가 어떠한가'라는 슬로건의 이면에 있는 아이디어는 연구가 교육 활동을 위한 효과적인 전략을 수립하는 데 필요한 정보를 제공해야 한다는 것이다. 나는 이미 교육적 실천이 미리 정해진 목적을 달성하기 위한 전략이나 기술의 단순한 적용 이상이라는 것을 지적했다. 또한 연구는 단지 현재 무엇이 효과적인 것인지 혹은 미래에 무엇이 효과적인 것일지가 아니라 과거에 무엇이 효과적인 것이었는지를 나타낼 뿐이라는 점에서 듀이와 견해를 같이한다는 것을 보여주었는데, 이는 연구 결과가 단순히 행동 규칙으로 번역될 수 없다는 것을 의미한다. 행동과 결과 사이의 관계에 관한 지식은 전문적인 문제해결을 보다 지적으로 만드는 데에만 활용될 수 있을 뿐이다. 나는 교육 연구가 교육적 수단의 효과성만이 아니라 교육 목적의 타당성에 대해서도 탐구해야 한다고 주장했지만, 증거기반실천에서는 첫 번째 과제에만 초점을 맞추고 있으며, 그렇게 함으로써 교육 연구가 교육 실천에 도움이 될 수 있는 유일한 방법은 도구적 또는 기술적 지식을 제공하는 것뿐이라고 가정하고 있다.

사회과학의 연구가 실용적 타당성을 가질 수 있는 방법에 대한 논의에서 드 브리스[53]는 연구가 사회적 실천을 위해 정보를 제공할 수 있는 이 특정의 방법을 가리켜 연구의 기술적 역할이라 했다. 기술적

---

53 de Vries 1990.

역할에서의 연구는 주어진 목적을 달성하기 위한 수단과 전략 및 기술의 생산자이다. 그러나 드 브리스는 연구가 실천에 정보를 제공할 수 있는 다른 방법이 적어도 하나는 존재한다고 주장한다. 이것은 **사회 현실을 이해하고 상상하는 다양한 해석과 방법을 제공하는 것**이다. 그는 이 후자를 **연구의 문화적 역할**이라고 부른다.

드 브리스의 구분을 통해 도구적 지식을 제공하는 것이 교육 연구가 교육 실천에 정보를 제공하고 이로움을 줄 수 있는 유일한 방법이 아니라는 것을 알 수 있다. 다양한 교육 활동의 방식을 찾고, 테스트하고, 평가하는 데 있어서 교육 연구는 중요한 과제를 감당하고 있다. 그러나 여기에 그치지 않고 교육 실천가로 하여금 자신의 실천을 다르게 보고 상상하게 한다면 교육 연구는 실천가 자신의 실천 행위에 대해 달리 이해하도록 한다는 점에서 교육 실천에 영향을 줄 수 있다. 교실의 상황을 행동 목표라는 렌즈를 통해서 보느냐 아니면 정당한 주변부 참여라는 렌즈를 통해 보느냐에 따라 보이는 모습에는 상당한 차이가 있다. 다른 렌즈로 보면 사물이 다르게 보일 뿐 아니라 이전에 이해하지 못했던 문제를 이해하거나 이전에 보지 못했던 문제를 볼 수도 있다 (예를 들어, 페미니스트 연구가 문제를 가시화하는 데 정확히 어떻게 기여했는지를 생각해 보라). 결과적으로 이전에는 생각할 수 없었던 행동의 기회를 상상할 수 있다. 따라서 교육 연구의 문화적 역할은 기술적 역할 못지않게 실천적이다. 증거기반실천이라는 아이디어의 핵심적인 문제는 문화적 선택을 간단히 간과해버린다는 것이다. 그것은 주어진 목적을 위한 수단의 산출에 초점을 맞추고 '기술적 효율성과 효과성의 화용론'으로 연구 문제를 축소한다.[54] 거기에는 단지 연구에 대한 기술적 기대가 있을 뿐이다.

드 브리스가 기술적 역할과 문화적 역할에 대하여 구분한 것에는 현재의 논의에서 중요한 두 가지 측면이 더 있다. 첫째는 비록 두 가지 역할이 서로 구별될 수 있지만 이것을 반드시 별개의 것으로 생각해야 한다는 의미는 아니라는 점이다. 한편으로 드 브리스는 다른 해석이 종종 새로운 문제와 새로운 행위의 가능성을 보게 하고, 따라서 후속 연구를 위한 다른 질문 그리고/또는 보다 정확한 '기술적technical' 질문으로 이끄는 데 도움이 된다는 것을 보여준다. 다른 한편으로 연구가 성공적으로 이러한 기술적 역할을 수행한다면, 다시 말해 연구가 성공적으로 문제를 해결하는 전략과 접근 방식을 만들어낸다면, 우리는 이 특정의 접근 방식에 정보를 제공하는 틀이라는 측면에서 상황을 바라보고 이해할 수 있게 될 것이다. 따라서 기술적 접근 방식과 문화적 접근 방식은 종종 서로에게 정보를 제공하고 서로를 보강한다.

전술한 내용은 기술적 및 문화적 역할이 연구자가 선택할 수 있는 두 가지 옵션임을 의미하는 것처럼 비칠 수 있다. 그러나 이것이 언제나 사실은 아니다. 드 브리스의 주장에 따르면 교육 연구가 수행할 수 있는 역할은 연구자의 미시적 및 거시적인 정치 조건에 크게 좌우된다. 교육의 목적에 대한 강력한 합의가 있는 경우에, 다시 말하면 교육의 목적에 의문을 제기할 수 없는 경우에 연구가 할 수 있는 유일하게 '가

---

54 Evans and Benefield 2001, p. 539.

능한' 것은 기술적인 역할인 것 같다. 반면에 그러한 합의가 존재하지 않을 때는 연구가 상황에 대해 다양한 해석을 제공할 수 있기 때문에 문화적 역할을 수행할 가능성이 커진다. 드 브리스는 이 분석을 민주주의의 개념과 연결한다. 그의 주장에 따르면 **민주주의 사회란, 사회 연구가 기술적 역할에 한정되지 않고 문화적 역할도 수행할 수 있는 사회이다.** 다시 말해, 민주주의 사회는 문제 정의와 교육적 노력의 목표와 목적에 대해 개방적이고 정보에 입각한 토론이 존재한다는 특징이 있다. 따라서 증거기반실천에 대한 전반적인 논의가 연구의 실천적 역할에 대해 기술적 기대만을 갖고 있는 것으로 보인다면 이는 민주주의의 관점에서 볼 때 우려스러운 신호이기도 하다.

결론

이 장에서 나는 증거기반교육의 기초가 되는 세 가지 주요 가정을 검토했다. 증거기반교육이라는 아이디어에 내포된 전문적 행위 모델을 논의하면서 교육은 개입이나 처방으로 이해될 수 없다고 주장했다. 그 이유는 첫째, 교육의 실천은 본질적으로 비인과적이며 규범적이기 때문이고, 둘째, 교육에서 수단과 목적은 내적으로 얽혀 있기 때문이다. 이는 교육 전문가가 교육적으로 바람직한 것이 무엇인지 판단해야 함을 의미한다. 다시 말하면 교육 전문가는 좋은 교육에 대해 판단해야 한다. 그러한 판단은 본질적으로 규범적 판단이다. '효과가 어떠한가'

에 대한 연구가 그러한 판단을 대체할 수 있다고 주장하는 것은, '사실'에서 '당위'로 부당하게 비약하는 것을 의미할 뿐만 아니라 교육 전문가가 '효과'의 증거에 따라 행동방침을 결정하는 것이 교육적으로 바람직하지 않다고 판단할 경우 그 증거대로 행동하지 않을 권리를 부정하는 것이다. 따라서 증거기반교육의 문제는 교육적 의사결정의 규범적 차원을 충분히 인식하지 못하고 있을 뿐 아니라 교육 전문가가 특정 상황에서 교육적으로 바람직한 것에 대한 판단을 내릴 기회도 제한하고 있다는 것이다.

증거기반실천에 관한 인식론적 가정에 관한 논의에서도 비슷한 문제가 나타났다. 나는 듀이의 실천적 인식론을 가지고 연구가 제공할 수 있는 것은 행위 규칙이 아니라 지적인 문제해결을 위한 가설일 뿐이라는 것을 보여주었다. 연구는 특정 상황에서 무엇이 효과가 있었는지를 말해줄 수 있을 뿐, 미래 상황에서도 어떤 것이 효과가 있을지는 말해주지 않는다. 이와 관련해서 교육 전문가의 역할은 일반적인 규칙을 특정 행동 방침으로 전환하는 것이 아니라 연구 결과를 활용하여 문제해결을 보다 지적으로 만드는 것이다. 여기에는 교육의 수단과 기술에 대한 숙의와 판단을 포함할 뿐만 아니라, 동시에 교육의 목적에 대한 숙의와 판단도 포함된다. 따라서 듀이의 실천적 인식론은 증거기반교육이라는 개념에 대해 두 가지 방식으로 도전한다. 첫째, 증거기반교육이 교육의 실천과 관련하여 연구가 해낼 수 있는 것에 대해 생각하는 방식에 도전하고, 둘째, '효과가 어떠한가'에 관한 기술적 문제에 논의를 한정해야 한다고 가정하는 기술 관료적 모형에 도전한다. 듀이의 관점은 규범적 질문이 그 자체로 진지한 연구 문제라는 것, 한걸음 더 나아가, 교육에 이해관계가 있는 모든 사람들(교육에 직접적인 관심을 가진 사람뿐만이 아니라 궁극적으로 모든 시민을 포함해야 함) 사이에서 완전하고 자유롭고 공개된 규범적 토론의 일부가 되어야 하는 문제라는 것을 알게 해준다.

연구와 정책 및 실천 간의 연계를 기술적인 문제로 한정할 것이 아니라 연구를 통해 교육 현실에 대한 다양한 이해와 가능한 미래를 상상하는 다양한 방법을 제시함으로써 확립할 수 있다는 생각은 논의의 세 번째 단계에서 핵심적인 것이었다. 이 논의에서는 연구와 정책 및 실천 간의 관계에 대한 증거기반교육의 이해 방식을 살펴보았다. 연구는 기술적, 문화적 역할을 모두 수행할 수 있고 이러한 역할은 매우 현실적이고 실질적인 결과를 가져올 수 있는데, 나는 증거기반교육이 이러한 사실을 인식하지 못하는 것 같다고 주장했다. 또한 연구가 기술적, 문화적 역할을 수행할 수 있는 정도는 사회의 민주적 질을 나타내는 지표로 간주될 수 있음을 보여주었다. 그래서 정부와 정책 입안자들은 교육연구가 기술적인 역할만을 수행하도록 요구하고 있는 것으로 보이지만 이런 풍토는 민주주의 자체에 대한 위협으로 읽힐 수 있으며 실제로 그렇게 읽혀야 한다.[55]

이러한 모든 이유로 인해 연구와 정책 및 실행 간의 관계에 대한 사고의 폭을 넓혀 특정 목적을 달성하는 가장 효과적인 방법을 찾는

---

55 Hammersley 2001, p. 550 참조

것에 논의를 국한시키지 말고 목적 자체가 바람직한가 하는 질문을 다룰 필요가 있다. 듀이와 마찬가지로 나는 목적을 이루는 방법을 고려할 때 우리의 목적이 바람직한지에 대한 질문을 항상 제기할 필요가 있다는 것을 강조하고 싶다. 교육에서 항상 제기해야 할 또 하나의 질문은 수단의 교육적 질, 즉 학생들이 특정한 수단이나 전략을 사용함으로써 무엇을 배울 것인가에 관한 것이다. 이러한 관점에서 볼 때, 무엇이 교육적으로 바람직한가에 대한 규범적이고 정치적인 질문, 즉 좋은 교육이란 무엇인가에 대한 질문을 비판적으로 탐구할 필요성을 망각하고, 증거기반실천에 대한 논의를 오로지 기술적 질문, 즉 '효과가 어떠한가'에만 초점을 맞추는 것은 문제가 있다. 교육에서 연구와 정책 및 실천 간의 관계를 진정으로 개선하기 원한다면 교육에 관한 기술적 질문을 교육적으로 바람직한 것에 대한 규범적, 교육적, 정치적 질문과 밀접하게 관련지어 다룰 수 있는 접근 방식이 필요하다. 정부가 연구 분야에서 이러한 일련의 질문을 제기하도록 허용할 뿐만 아니라 연구와 연구자로 하여금 '효과가 어떠한가'라는 단순한 질문을 넘어서도록 적극적으로 지원하고 장려하는 정도는 민주주의 사회라고 부를 수 있는 수준을 나타내는 지표라고 할 수 있다. 따라서 '효과가 어떠한가' 하는 질문에만 한정해서 매달리는 것은 민주주의의 관점에서 볼 때 충분하지가 않다.

03

교육의 책무성과 책임

03
교육의 책무성과 책임

나는 지금까지 교육의 궁극적 목적에 대한 질문에 참여하는 것을 더욱 어렵게 만든 교육계의 최근 추세에 초점을 맞추어 논의를 진행해 왔다. 나는 이 추세의 특징을 좋은 교육에 관한 물음이 다른 물음으로, 말하자면 측정과 증거에 관한 물음으로 대체되는 과정으로 보았다. 이러한 물음은 근본적으로 교육적으로 바람직한 것이 무엇이냐에 대한 질문에 답을 내놓을 수 없다. 이 장에서는 이러한 추세의 또 다른 차원에, 즉 책무성의 개념이 진정한 민주적 잠재력을 가진 개념에서 교육실천을 억압하고 규범적 문제를 단순한 절차의 문제로 축소시킨 일련의 과정으로 전환된 방식에 초점을 맞출 것이다. 증거기반실천의 개념이 교육의 민주적 통제에 위협이 되는 것처럼, 책무성에 대한 관리적 접근 방식은 교육자들이 자신의 행위와 활동에 대한 책임, 구체적으로 말하면 자신의 행위와 활동이 초래할 결과에 대해 책임질 기회를 잠식했다.

책무성에 대한 두 가지 해석

찰턴Bruce Charlton[1]에 따르면 책무성은 적어도 크게 두 가지로 구분되는 의미, 즉 "엄격한 기술-관리적 의미와 느슨하고 보다 일반적인 의미를 아울러 지니고 있는 에두른 수사적 용어slippery rhetorical term"이다. 일반적인 담론에서 책무성은 책임과 관련이 있으며 '~에 책임을 지다'라는 의미를 내포하고 있다. 반면에 기술-관리적 의미의 책무성은 보다 좁게 회계 관련 장부를 제출해야 하는 의무를 나타낸다. 원래 책무성은 단지 재무관련 사항을 문서화하는 것을 가리킨다. 그러나 오늘날 책무성을 경영관리상의 의미로 사용하는 것은, 책임 있는 조직을 모든 활동에 대해 회계 관련 보고서를 제출할 의무가 있는 조직으로 본다는 점에서 이러한 재무 관련 용법이 직접적으로 확장된 것이다. 책무성에 대한 두 가지 의미 사이의 연결고리는 약하다. 찰턴의 주장에 따르면 "회계 관련 사항을 문서화하여 준비하는 것이 책임 있는 행동과 동의어라고 가정하는 것이 정당화될 경우에만" 책무성의 두 가지 의미 사이에서 중복이 가능하다.[2] 그러나 책무성의 수사rhetoric는 바로 두 가지 의미 사이의 '빠른 전환'을 기반으로 작동하며 책무성에 대한 반론을 무책임한 행동에 대한 변명 이외의 다른 것으로 보는 것을 어렵게 한다.

찰턴은 책무성에 대한 두 가지 의미 간의 유용한 개념적 구분만을 한 것이 아니다. 그의 설명은 또한 회계 감사의 목적이 "금전관리에

---

1   Charlton 1999; 2002.
2   Charlton 2002, p. 18.

있어서 무능력과 부정을 탐지하고 방지하는 것"이라는 엄격한 재정적 맥락에서 책무성의 개념이 관리적 용법으로 사용된 역사도 있음을 보여준다.[3] 그의 주장에 따르면 재무감사의 논리가 단순히 관리의 맥락으로 옮겨졌을 뿐 이 논리가 경영의 목적에 얼마나 적합한지에 관한 문제는 별로 고려되지 않았다. 그는 책무성의 문화가 감사 프로세스의 원칙을 다양한 맥락의 세부 사항과 요구 조건에 맞추기보다는 실천을 감사 프로세스의 원칙에 맞추는 상황을 초래했음을 보여준다.[4] 이 논리는 다음의 문장으로 간단히 표현된다. **"투명한 조직은 감사할 수 있고 감사할 수 있는 조직은 관리가 가능하다. 그 반대도 마찬가지다. 따라서 조직은 감사할 수 있도록 해야 한다".**[5]

찰턴은 책무성의 두 가지 의미가 현재 공존한다고 말하는 것 같지만 책무성을 거버넌스 체계가 아닌 (상호) 책임체계로 보는 전통은 기술-관리적 접근법이 등장하기 이전에 지배적인 전통이었다고 할 수 있다. 교육에는 이에 대한 분명한 증거가 있다. 풀슨Louise Poulson[6]이 주장한 바와 같이 1970년대 후반과 1980년대 초반에는 교육에 있어서 책무성에 관한 논의가 책무성의 전문적인 해석에 중점을 두었지만 그 외에 책무성에 대한 민주적 접근을 분명히 하려는 시도도 있었다. 이러한 접근에서는 학교가 학부모, 학생 및 보다 많은 시민에게 책임을 지도록

---

3 Ibid., p. 24.

4 Power 1994; 1997.

5 Ibid., p. 22.

6 Poulson 1996; 1998.

한다면 이는 교육의 민주화를 지원할 것이라고 주장했다.[7]

　책무성의 헤게모니가 전문적이고 민주적인 개념에서 현재와 같은 기술-관리적 접근으로 전환된 배경에는 보다 광범위한 사회적 변화와 교육 체제의 변화가 있다. 게위르츠Sharon Gewirtz는 영국의 교육 개혁에 관한 연구에서 이러한 변화를 '복지주의welfarism'(1988년 이전 영국 교육의 터전)에서 '탈복지주의postwelfarism'라는 새로운 관리주의로의 사태 진전으로 특징짓는다.[8] 복지주의는 형평성, 돌봄, 사회 정의와 같은 전문적인 기준과 가치에의 헌신 그리고 협력의 강조와 같은 공공 서비스 정신을 특징으로 한다.[9] 반면에 새로운 '관리주의'는 고객 지향의 정신, 효율성 및 비용 효과성에 의한 결정, 그리고 경쟁, 특히 자유 시장 경쟁에 대한 강조가 특징이다.[10] 책무성과 그 결과로서의 품질보증은 새로운 관리주의의 주요 도구이다. 게위르츠는 이 연구에서 새로운 관리주의가 영국의 중등학교에서의 일상적인 관행에 미친 영향의 문제점들을 매우 상세하게 보여주고 있다.[11]

7　Epstein 1993; Davis and white 2001.

8　Gewirtz 2002.

9　Ibid., p. 32.

10　Ibid.

11　Gewirtz 2002. 특히 pp. 138-154 참조

국가와 시민 관계의 변화

교육에서 책무성의 역사를 어떻게 설명할 것인가 하는 문제 외에도 책무성에 대한 전문적이고 민주적인 접근 방식에서 관리적 접근 방식으로의 전환을 어떻게 이해할 것인가 하는 문제도 있다. 이것은 지난 수십 년 동안 교육정책 연구의 주요 질문이었으며 지금도 토론과 연구의 중심 주제가 되고 있다. 대부분의 저자들은 책무성의 부상을 이념의 변화(신자유주의와 신보수주의의 부상)와 경제적 변화(가장 중요한 것은 1970년대 중반의 석유 위기와 경제 침체, 그리고 그에 따른 글로벌 자본주의의 출현)를 배경으로 이해해야 한다는 점에 동의한다. 이러한 변화들은 복지국가가 쇠퇴(해체까지는 아니더라도)하고 신자유주의/글로벌 자본주의의 시장 논리가 출현(패권까지는 아니더라도)하는 요인으로 함께 작용했다.[12] 이와 관련한 토론에서 제기되는 중요한 문제 중 하나는 이념의 변화와 경제적 변화 사이의 정확한 관계에 관한 것이다. 어떤 이들은 이런 요인들이 비교적 독립적이면서도 서로를 강화했다고 주장하기도 한다. 폭스Faulks는 대처주의가 변화를 이끈 독립된 이념적 요인이라기보다 변화하는 경제 상황에 대한 **대응**이란 측면이 더 강했다고 주장했다.[13]

이러한 사태 진전의 결과로 초래된 가장 중요한 변화의 하나는 **국가와 시민 간의 관계가 재구성되었다는 것**이다. 나는 이 관계가 정치적 관계, 즉 정부와 시민들이 함께 공동선에 대해 관심을 갖는 관계보다는 경제

---

12 포괄적인 개요는 Apple 2000 참조
13 Faulks 1998.

적 관계, 말하자면 공급자로서의 국가와 공공 서비스 소비자로서의 납세자 간의 관계로 변화되었다고 말하고 싶다.

국가와 시민 간 관계의 재구성은 단순히 다른 방식의 관계설정으로 이해해서는 안 된다. 새로운 관계는 근본적으로 양쪽 당사자의 역할 및 정체성과 그것들 간의 관계를 설명하는 용어를 변화시켰다. 국가와 시민 사이의 관계가 탈정치화되었을 뿐 아니라 정치 영역 자체가 약화되었다고 주장할 수도 있다.[14] 결정적으로 달라진 것은 사용되는 언어가 경제적 언어로 바뀌어 정부를 공급자로, 시민을 소비자로 자리매김하게 되었다는 것이다.[15] 선택이 이 담론에서 키워드가 되었다. 그러나 여기서 '선택'은 시장에서 이루어지는 소비자들의 행동에 관한 것으로, 그들의 목표는 단지 자신의 요구를 충족시키는 것이기 때문에, 공동선에 대한 대중의 숙고와 논쟁, 공공 자원의 공정하고 공평한 (재)분배에 관한 민주주의와 혼동해서는 안 된다.

시장의 논리에 따르면 국가와 시민의 관계는 더 이상 실질적인 관계가 아니며 순전히 형식적인 관계로 바뀌었다. 이러한 재구성은 책무성의 필연적인 결과인 품질보증 문화의 부상과 밀접하게 관련되어 있다. 사실 현재의 품질보증 관행은 일반적으로 "성과보다는 시스템 및 프로세스"에 집중한다.[16] 품질보증은 프로세스의 효율성과 효과성에 관한 것이지 이러한 프로세스가 가져오는 결과에 관한 것은 아니다. 그 결과

---

14 Marquand 2004; Biesta 2005b 참조
15 Biesta 2004a; 2006a 참조
16 Charlton 2002.

영국의 경우 정부는 교육 및 기타 공공 서비스에서 '기준을 높이는 것'에 대해 끊임없이 강조하지만 이는 오히려 공허하다. 어떤 기준이나 '결과'가 가장 바람직한지에 대한 적절한 (민주적) 논의가 결여되어 있기 때문이다. 동일한 문제가 "학교 효과성 및 개선 산업"에 관한 많은 연구[17]의 근저에도 놓여 있다. 왜냐하면 이들 연구에서는 프로세스의 효과성과 효율성에 주로 초점을 맞출 뿐 이러한 프로세스가 가져올 결과의 타당성에 관한 훨씬 더 어려운 규범적이고 정치적인 문제는 제기하지 않기 때문이다.

소비자로서의 시민: 직접 책임에서 간접 책임으로

엡스타인[18]에 따르면 부모의 선택이라는 개념과 학교가 부모에게 책임을 져야 한다는 생각은 사실 민주주의의 기회를 나타내는 것이지만 진보적이고 급진적인 교육자들이 항상 이런 기회를 포착한 것은 아니었다. 이것은 보수적 해석이 헤게모니를 쥐게 된 한 가지 이유이다. 선택에 대한 부모의 요구가, 사회에서 교육의 형태와 목적에 관해 보다 많은 이들이 참여하여 민주적으로 숙고한 후에 나온 것이 아니라면 그 자체로는 민주적이라고 할 수 없음을 인식할 필요가 있다. 후자가 결여되어 있다면, 부모의 선택은 애플Michael Apple이 적절히 표현했듯이 단지

---

17 Gewirtz 2002, p. 15.

18 Epstein 1993.

"경제적, 사회적 자본이 문화적 자본으로 바뀌는 결과를 초래할 뿐"이다.[19] 이러한 상황에서 부모의 선택은 단지 현존하는 불평등을 재생산할 따름이다. 또한 교육에서 선택에 관한 현대의 담론은 일반적으로 고전적 자유주의보다는 신자유주의의 맥락에서 도입되고 있다는 점을 유념해야 할 것이다. 올센Mark Olssen은 이 둘의 차이점에 대해 유익한 설명을 하고 있다.

> 고전적 자유주의는 개인이 국가의 개입으로부터 해방되어야 할 대상으로 본다는 점에서 국가 권력에 대해 소극적인 개념을 나타내지만, 신자유주의는 적절한 시장을 창출하고 시장의 운영에 필요한 조건과 법률 및 제도를 마련하는 등 국가의 역할에 대해 적극적인 개념을 주장한다. 또한 고전적 자유주의에서는 개인이 자율적인 본성을 가진 것으로 특징지어지며 자유를 실천할 수 있다. 반면에 신자유주의에서는 국가가 진취적이고 경쟁력 있는 기업가로서의 개인을 창출하고자 한다.[20]

이것이 오늘날 교육에서 책무성이 작동하는 특정의 상황이다. 이 상황에서 가장 특이한 것은 시장화된 개인주의와 중앙 통제의 이상한 조합이다. 이것은 전문적이고 민주적인 책무성 모델이 사실상 왜 소멸되었는지를 설명해준다. 그 이유는 교육이 정부에 의해 제공되고 납세자의 돈으로 지불되는 공공 서비스로 전환되었기 때문이다. 이 상황에서 부모(또는 이 문제에 있어서 학생)와 학교 간에는 서로에 대해 직접적

---

19 Apple 2000, p. 237.
20 Olssen 1996, p. 340.

인 책무성은 없고 간접적인 책무성만 존재한다. 직접적인 책무성은 학교와 국가 간에 발생하며, 이러한 방식의 책무성에 대한 근거는 외견상 실질적인 관심도 있긴 하지만(예를 들어 '기준 향상'이라는 의제를 통해) 대개는 형식적이다.

이런 시스템을 통해 '만들어지는' 학교와 부모(또는 학생)의 관계는 앞서 언급했듯이 기본적으로 경제적인 것이다. 공공 서비스의 '질'과 관련해서는 궁극적으로 그것을 공급하는 정부가 책임을 질 수 있다는 점에서 '책무성의 고리'에서 부모와 학생의 역할은 **간접적**일 뿐이다. 그러나 시민은 정부가 공급('공급'이 적절한 개념이라면)하는 서비스의 질에 대해 '투표'는 할 수 있지만 서비스의 전반적인 방향이나 내용에 대해서는 민주적인 발언권이 없는 소비자의 위치로 자리매김된다는 점에서 시민과 정부의 관계는 비정치적이다.

신자유주의 정부는 시민들을 공공 서비스의 소비자로 자리매김하는 경향이 있지만, 풀슨[21]에 따르면 1980년대와 1990년대 초에 행해진 부모의 교육적 견해와 선택에 관한 연구에서 부모들은 대체로 자신을 소비자로 보지도 않았고 또한 교육을 상품으로 보지도 않았다.[22] 그러나 풀슨은 휴즈Martin Hughes 등에 의해 수행된 연구[23]에서 "영국의 초등학교 아이를 둔 부모들은 연구 과정에서 점점 더 자신을 소비자로 인식하기 시작했다"는 사실이 밝혀졌다는 점을 지적하고 있다.[24] 마찬가지로

---

21 Poulson 1998.
22 Poulson 1998, p. 420.
23 Hughes 1994.

게위르츠[25]는 교장들이 어떻게 책임의 담론을 내면화하여 전문적인 자기 인식과 정체성을 근본적으로 변화시켰는지를 설명하고 있다. 두 가지 사례 모두 책무성의 문화는 이러한 제반 관계 속에서 특정한 종류의 관계와 특정의 정체성을 만들어내고 있음을 보여준다.

책무성인가 책임인가?

앞에서 책무성에 대한 관리적 접근이 부상한 것을 재조명했는데, 이는 이러한 경향이 별개의 현상이 아니라 정치적 관계와 정치의 영역 자체가 경제적 관계로 대체된 것으로 여겨지는 사회 변화의 일환임을 보여준다. 책무성의 권리에 대한 정부의 요구가 교육과 같은 공공 서비스에 대해 정부가 재정적 투자를 한다는 사실에서 나오는 것으로 보인다는 점에서 현재와 같은 책무성의 토대는 경제적인 것 같다. 언뜻 보기에는 '외견상' 교육 '소비자'인 부모와 학생, 그리고 '공급자'인 학교 간의 관계에서 좀 더 민주적인 책무성의 기회가 있는 것처럼 보이지만, 나는 이 당사자들 사이에 직접적인 책무성의 관계는 없으며 간접적인 책무성의 관계만 존재한다고 주장해 왔다. 부모와 학생이 할 수 있는 유일한 역할은 교육이 제공하는 것을 소비하는 것이지만, 그들에게는 교육에 대한 공개적이고 민주적인 담론에 참여할 기회가 주어지지 않

---

24 Ibid.
25 Gewirtz 2002.

는다. 오닐Onora O'Neill은 이와 관련된 '난제predicament'[26]를 다음과 같이 설명한다.

> 이론적으로 책무성과 감사의 새로운 문화는 전문가와 공공기관이 대중에게 더 많은 책임을 지도록 한다. 이것은 목표와 성취 수준을 실적표에 게시하고 일반 대중이 전문가와 공공기관의 실패에 대한 보상을 청구할 수 있도록 불만 처리 절차를 수립함으로써 이루어진 것으로 추정된다. 그러나 대중에 대한 책무성이라는 이러한 표면적인 목표의 밑바탕에 있는 것은 규제당국, 정부 부처, 자금 후원 및 법적 기준에 대한 책무성의 실질적인 요건들이다. 새로운 형태의 책무성은 중앙 통제의 형태를 강요하고 있다. 그런데 이러한 중앙 통제들의 형태를 보면 사실 각양각색이고 서로 일관성이 없는 것들이 꽤 자주 발생한다.[27]

문제는 많은 사람이 책무성의 문화가 첫 번째 과제를 수행하기 바라지만 (즉, 대중에게 책임을 지는 것), 실은 두 번째 과제(즉, 규제당국에게 책임을 지는 것)를 수행하고, 따라서 실제 이해당사자들을 '책무성의 고리'에서 벗어나게 한다는 점이다. 이 점에서 책무성에 대한 현재의 기술-관리적 접근은 사람들 사이의 관계를 경제적인 것으로 만들어버리고, 민주적인 관계를, 불가능하지는 않더라도 어렵게 만든다.

26　'predicament'는 벗어나거나 해결하기 어려운 혼란스러운 상황을 가리키는 말로, 두 가지 중 하나를 선택해야 하지만 어느 쪽을 선택해도 만족스러운 해결은 구하기 어려운 경우에 사용한다. 곤혹, 곤경, 어려움, 궁경, 난제 등으로도 번역된다(옮긴이).

27　O'Neill 2002, p. 4.

이러한 일이 학교 및 기타 공공 기관의 일상 업무에 미치는 영향을 보면, 주객이 바뀌어 공공기관이 책무성과 감사의 제반 요건에 맞추는 것처럼 보인다. 오닐의 말을 다시 한번 인용하면 다음과 같다.

이론적으로 보면 책무성과 감사의 새로운 문화는 전문가와 공공기관이 좋은 성과를 내는 데 더 많은 책임을 지도록 한다. 이것은 다음과 같은 수사, 즉 개선과 기준 향상, 효율성 향상, 모범 경영, 그리고 환자와 학생 및 직원에 대한 존중에서 분명히 드러난다. 그러나 이 감탄할 만한 수사의 이면에서 실제 초점은, 성취의 질을 정확하게 측정하는 것보다는 측정과 통제를 쉽게 할 수 있는 성취 지표를 선택하는 데 둔다.[28]

오닐은 책무성 문화의 인센티브가 결코 비현실적이지는 않다고 지적한다. 그러나 이러한 인센티브는 책무성 시스템에 적합한 행동, 즉 감사관과 품질보증 책임자에게 적합한 행동을 이끌어낼 뿐 전문적이고 책임 있는 행동에 대한 인센티브로는 작용하지 않는 것 같다. 아이러니하게도, 이러한 문화는 공공 서비스의 '소비자'에게 해로운 상황을 쉽게 초래할 수 있다. 예를 들어, 학교가 높은 성취도에 대해 보상을 받는다면, 학교는 점점 더 '의욕적인' 부모와 '유능한' 자녀를 유치하려고 노력할 것이고 학업 수행이 '힘든 학생들'을 배제하려 할 것이다. 결국 이것은 더 이상 학교가 학생들을 위해 무엇을 할 수 있는지가 아니라 학생들이 학교를 위해 무엇을 할 수 있는지를 묻는 결과를

---

28 Ibid., pp. 4-5.

야기한다.[29]

앞서 제시한 분석의 결론은 현재의 책무성 문화에 심각한 문제가 있다는 것뿐이다. 책무성은 모든 중요한 관계를 경제적 측면에서 재평가하는 비정치적이고 반민주적인 전략이며, 따라서 관련 당사자 간의 관계를 실질적이 아닌 형식적인 것으로 간주한다. 앞에서 보여주었듯이 이는 정부와 시민의 관계 및 정부와 교육 기관의 관계 모두에 해당한다. 결과적으로 부모와 학생들은 학교나 정부가 직접적인 책임을 지도록 하는 기회를 상실하고 경제적 관계, 즉 '교육'이라고 하는 공급의 소비자로서의 관계로 이끌린다. 결국 우리는 시스템과 공공기관 및 개개인이 책무성의 논리라는 규범에 스스로 적응함으로써 책무성이 다른 목적을 성취하기 위한 수단이 아니라 책무성 자체가 목적이 되어버린 상황에 처하게 된 것이다.

중산층의 불안

물론 현재의 책무성 문화에 문제가 있다는 결론이 새로운 것은 아니지만 이상의 논의를 통하여 왜 그리고 어떻게 이런 결론이 나왔는지 새롭게 조명되었기를 기대한다. 그러나 적절한 진단이 중요한 것은 사실이지만, 현실적이고 가장 시급한 문제는 이 상황에서 벗어날 방법이

---

29 Apple 2000, p. 235.

있느냐 하는 것이다. 현재의 책무성 제도에 대안이 있는가? 현재의 책무성 문화에 저항할 수 있는 방법이 있는가? 이 질문에 답하기 전에 제기하고 싶은 또 하나의 문제가 있는데 그것은 책무성 문화가 어찌하여 이렇게 각광을 받고 확산될 수 있었는가 하는 것과 관련이 있다. 왜 사람들은 책무성을 신뢰하는가? 그리고 왜 그것에 적극적으로 매달리는가?

영국의 교육에서 책무성이 강조될 수 있었던 한 가지 이유는 소위 '중산층의 불안'이라는 현상과 관련이 있을 수 있다. 물론 이 메커니즘이 영국에서만 작동하고 있는 것은 아니다. 영국의 교육 체제에는 소위 사립학교(자비부담학교 또는 인디펜던트 스쿨—후자의 용어로 인해 실질적으로 의존하고 있는 사실이 은폐됨)[30]와 공립학교 사이에 깊은 균열이 있다. 외부에서 볼 때 사립학교는 평균적으로 고득점 학생들을 '산출'한다는 점에서 더 성공적인 것 같이 보인다. 이런 학생들은 일반적으로 취업 시장에서 더 유리한 출발점을 가지며 더 높은 수준의 고등교육을 받을 수 있다. 많은 중산층 부모들은 사립학교의 문화를 갈망하며 이를 '황금 표준'으로 인식하고 자녀가 불이익을 받거나 소외되는 것을 원하지 않는다. 바로 이러한 이유로 그들은 공립학교의 '기준 향상'이라는 정부의 의제와 여기에 수반되는 감사와 중앙권력의 통제 및 책무성의 체제를 적극적으로 지원하려고 한다. 그러나 그들은 사립학교의 성공

---

30 영국에서 Independent school, Fee-paying school, Private school 및 Public school은 우리나라의 기준에서 모두 사립학교를 뜻하며 공립학교는 State School이라 한다. 다만 스코틀랜드에서만은 Public school이 공립학교를 가리킨다(옮긴이).

이 학생과 부모의 사회적, 문화적 자본만큼이나 학교의 '질'[31]과 관련이 있다는 사실을 망각하고 있다.

책무성의 문화가 가능해진 또 하나의 이유는 교육과 관련하여 부모와 학생들이 스스로를 소비자로 자리매김하면 실제로 교육에 대해 진정한 권력을 얻게 될 것이라고 믿기 때문이다. 그러나 앞에서 밝혔듯이 교육의 '소비자'와 '공급자' 사이에는 **직접적인** 책무성이 없기 때문에 이는 사실과 다르다. 국가는 교육에 대해 중앙 통제권을 행사하여 부모와 학생을 의사결정의 고리에서 제외시킨다.

세 번째 이유는 책무성의 두 가지 다른 의미 간의 '빠른 전환'에 대한 찰턴의 생각과 관련이 있다. 책무성은 책임과 관련이 있다고 가정하기 때문에 책무성을 논박하는 것이 어려워졌다. 그렇게 하면 무책임한 행동을 지지하는 주장처럼 보일 수 있기 때문이다. 그러나 책임과 책무성 사이, 더 정확하게는 책임과 현재의 책무성 문화 사이에는 어떤 관련이 있는가? 다음 섹션에서는 특히 책임에 관한 지그문트 바우만의 사유에 중점을 두고 그의 연구를 상세히 살펴봄으로써 책무성과 책임을 어느 정도 연결지을 수 있는지, 그리고 어떤 방식으로 양자 간 새로운 연결을 지을 수 있는지를 검토해 보고자 한다.

---

31 중앙권력의 통제 및 책무성과 무관하게 학교의 역사라든가 부모의 지원 등 학교 자체의 특성을 가리킨다(옮긴이).

책임감에 대해 책임을 지는 것

바우만의 연구는 윤리ethics와 도덕morality의 명확한 구분에 근거를 둔다. 도덕은 '옳음과 그름의 구별'과 관련된 인간의 사고, 감정 및 행동의 측면에 관한 것이다.[32] 반면에 윤리는 규칙과 규정 혹은 규범을 말한다. 그것은 도덕적 행동으로 간주되는 것을 코드화한 것, 즉 (보편적인) 법의 용어로 코드화한 것이다. 윤리에 대한 아이디어에 함축되어 있는 것은 그러한 법칙을 분명히 표현할 수 있다는 가정뿐만이 아니다. 윤리는 도덕적 삶, 즉 도덕의 법칙에 따르는 삶을 영위한다는 것이 무엇을 의미하는지에 대한 특정의 신념도 표현한다.[33] 이는, 도덕적 삶이란 규범과 규정, 법칙의 안내 없이 옳고 그름을 선택하는 삶으로 인식된다는 견해와는 현저한 대조를 이룬다.

바우만은 근대성을 윤리의 시대, 즉 도덕적 행동으로 간주되는 것을 명료화하고 규정하며 코드화하는 것이 가능하다고 가정되는 시대로 특징짓는다. 그의 저작에 따르면 근대성에 대한 도덕적 사고와 실천은 "**양가적이지 않고 아포리아가 없는** 코드의 가능성에 대한 믿음에 의해 활력을 얻었다".[34] 바우만은 바로 이런 가능성에 대한 불신을 명백히 탈근대post modern로 보았다. 여기서 포스트post는 근대성이 끝나거나 근대성에서 멀어지는 순간에 근대성을 추방하고 대체한다는 연대기적인

---

32 Bauman 1993, p. 4

33 Bauman 1998, p. 75.

34 Bauman 1993, p. 9.

의미가 아니다. 그것은 "길고도 간절한 근대성의 노력이 거짓된 가식으로 수행되어 잘못된 방향으로 흘러갔으며 근대성 자체가 근대성의 불가능성을 드러낼 것임을(아직 드러나지 않았다면) 의미한다".[35] 그러므로 바우만에게 있어서 탈근대는 윤리의 종말을 의미한다. 그러나 이것은 모든 도덕의 종말이 아니라 '코드화된 도덕'의 종말을 의미하는 것임을 아는 것이 중요하다. 이것은 도덕이 '구원'되었다는 의미는 아니다. 바우만의 주장은 (근대) 윤리학의 종말이 (탈근대적) 도덕의 가능성을 열어준다는 것일 뿐이다. 그러나 탈근대의 시대가 실제로 근대의 시대보다 더 도덕적일 것이라는 보장은 없다. 그것은 단지 **하나의** 기회일 뿐이며 그 이상은 아니다.[36] 그의 주장에 따르면 "탈근대성의 시대가 도덕의 황혼으로 역사에 남을지, 아니면 르네상스로 남을지는 두고 봐야 한다".[37]

탈근대의 도덕을 표현하는 데 있어서 바우만의 핵심 개념은 '책임'이다. 그는 책임이 탈근대적 도덕의 관심이라는 자신의 주장을 뒷받침하는 다양한 논거를 제공하지만, 가장 설득력 있는 것은 규칙을 아무리 철저하게 준수하더라도, 지금은 물론 앞으로도 규칙 준수 자체가 우리를 책임에서 구원해주지 않는다는 주장에서 찾아볼 수 있다. 우리는 항상 일련의 (윤리적) 규칙을 따르는 것이 옳은지 혹은 옳았었는지 스스로 물을 수도 있고 다른 사람들로부터 질문을 받을 수도 있다. 그러나

---

35 Ibid., p. 10.
36 Bauman 1998, p. 109.
37 Ibid., p. 3.

결코 이 질문에 대한 결정적인 답은 얻지 못할 것이다. 이것이 바로 포스트모더니즘이 우리에게 보여주는 것이다. 즉 도덕적 선택이야말로 진정한 선택이고 도덕적 딜레마야말로 진정한 **딜레마**이며, 이는 일시적이고 교정 가능한 결점, 무지 혹은 실수의 결과가 아니라는 것이다.[38] 바우만에 따르면 탈근대의 세계는 "**미스테리**가 거의 용인되지 않아 추방명령을 기다리는 외계인이 더 이상 존재하지 않는 세계이다.[39] 그것은 "아직 설명되지 않았을 뿐만 아니라 (아마 우리가 알게 될 것에 대하여) 앞으로도 설명할 수 없는 사건 및 행위와 더불어" 살아가는 법을 배우는 세계이다.[40]

우연성과 모호성을 수용하는 포스트모더니즘은 도덕의 종말을 의미하며 그 결과 인간의 공동생활의 가능성에 심각한 위협을 가한다고 말하는 사람들도 있으며, 이는 탈근대성과 포스트모더니즘에 대한 모든 비평가들의 글에서 되풀이되는 주제이기도 하다.[41] 그러나 바우만은 이에 대해 분명히 반대의 입장을 취한다. 그는 재발견된 탈근대 세계의 '매력'이 인간의 도덕적 능력을 다시 인정할 기회를 세계에 제공한다고 주장한다. 포스트모더니즘을 받아들인다 해서 결과적으로 세계가 반드시 더 나아지고 더 친절해지는 것은 아니지만 "분명 입법화를 통해서 제거하지 못하는 강인하고 회복탄력성이 있는 인간의 성향

---

38 Ibid., p. 32.
39 Ibid., p. 33.
40 Ibid.
41 Biesta 2005c 참조

을 인정하고 거기에서부터 새롭게 출발할 수 있는 가능성이 존재한다".[42] 그러므로 바우만의 설명은 탈근대의 '조건'에서 어째서 책임이 가능한지 그리고 필요한지를 보여준다. 그것이 가능한 이유는 포스트모더니즘이 보편적인 도덕률, 보다 구체적으로는 코드화된 합리적 근대성 윤리의 가능성을 믿지 않기 때문이다. 그러나 바로 이 때문에 책임이 필요하게 된다. 이것은 우리가 실제로 책임을 어떻게 이해해야 하는가 하는 문제를 제기한다.

책임과 도덕적 자율성

책임에 대한 바우만의 이해에 접근하는 한 가지 방법은 개인만이 책임의 주체가 될 수 있다고 하는 그의 주장을 살펴보는 것이다. 그의 주장에 따르면 도덕을 성문화하려는 시도의 문제는 도덕적인 '나'가 단지 "윤리적 '우리'의 단수형"으로 간주될 뿐이며 "이 윤리적 '우리' 안에서 '나'는 '그/그녀(타자)'와 대체될 수 있다는 것이다".[43] 그러나 도덕적 관계에서 "나와 타자는 대체될 수 없으며 따라서 나와 타자가 '결합해서' 복수형인 '우리'가 될 수 있는 것도 아니다".[44] 바우만은 레비나스의 저작을 바탕으로 도덕적 관계란 책임의 관계라고 주장한다. 도덕적 관

---

42 Bauman 1993, p. 34.
43 Ibid., p. 47.
44 Ibid., p. 50.

계는 계약 관계와 달리 책임이 상호적이지 않다. 바우만에 따르면 내가 타자에 대해서 책임을 지는 이유는 현재 타자가 나에게 책임을 지고 있거나 앞으로 그럴 것이기 때문이 아니며 과거에 그랬기 때문도 아니다. 타자에 대한 책임, 말하자면 **진정한** 책임은 일방적인 것이고 상호적인 것이 아니며 되돌릴 수 있는 것도 아니다.

타자에 대한 나의 책임은 언제나 이미 '거기'에 있다. 그것은 책임을 질 것인가 말 것인가에 대한 나의 결정으로부터 나오는 책임이 **아니다.** 바우만은 "나의 도덕적 능력을 구성하는 것은 지금 여기서 이 타자에 대해 책임을 지지 않는 것이 **불가능하다는 것**"임을 강조한다.[45] 이것은 모든 사람들이 실제로 책임을 질 것이라는 의미는 아니다. 그러나 요점은 책임을 지지 않기 위해서는 무언가를 '망각'해야 한다는 것이다.

> 양심의 가책에 시달리지 **않는** 상황을 만드는 것은 꽤 쉽다. 사실 우리는 대개의 경우 그러한 상황을 만들고 있고 그런 상황에서 살고 있다. 그러나 우리는 '대개의 경우' 도덕적 행위의 영역을 벗어나 상대방의 사생활을 존중하는 간단한 규칙뿐만 아니라 성문화되어 쉽게 배우고 알아보기 쉬운 동작을 익혀 관습과 에티켓만으로도 충분한 영역으로 옮겨간다. 하지만 나머지 시간에는 도덕적 책임이 부과된 상황에 처하게 된다. 이는 우리가 자율적으로 처신해야 한다는 것을 의미한다.[46]

---

45 Ibid., p. 53.
46 Ibid., pp. 53-54, n.19.

규칙은 보편적일 수 있지만, 책임은 '성격상' 보편적이지 않으며 유일하고 독특하다. 마찬가지로 도덕은 "계산할 수 없다는 의미에서 고유하고 어쩔 수 없이 **합리외적**nonrational(합리, 비합리를 논할 수 없는 영역이라는 뜻 – 옮긴이)"이다.[47] '도덕적인 부름'은 전적으로 개인적인 것이다. 그것은 나의 책임에 호소한다. 이 말은, "나는 생각하기 전에 도덕적"임을 의미한다.[48] 그러므로 다른 사람을 책임질 것인가 말 것인가는 선택 사항이 아니다. 바우만은 오히려 타자를 책임지는 것이 인간의 조건이라고 주장한다. "도덕적 책임, 즉 타자와 함께 하기 전에 타자를 위하는 것은 자아의 제1현실이다."[49]

도덕, 가까움 및 근대성

앞에서의 분석은 책임을 그 자체로 진지하게 받아들이고 우리가 책임질 것을 촉구하는 탈근대 도덕철학의 개요를 제시한 것이다. 그러나 바우만의 주장에서 흥미로운 점은, 책임을 진다는 것이 무엇을 의미하는지에 대해 달리 이해하는 방법을 제시하고 있을 뿐만 아니라 우리 사회에서 실제로 어느 정도 책임이 가능한지에 대한 (사회학적) 질문도 다루고 있다는 것이다. 이 논의의 중심 개념은 '**가까움**'에 대한 레비나

---

47 Ibid., p. 60.
48 Bauman 1993, p. 61.
49 Ibid., p. 13.

스의 사유다. 레비나스에게 있어서 도덕은 두 존재 사이의 관계와 관련이 있다(둘 이상은 아니다). 바우만이 '도덕의 두 당사자'에 대해 말한 것은 적절하다. 레비나스는 '**가까움**'의 개념으로 도덕적 관계의 독특한 특성을 밝히고 있다. 그러나 '가까움'은 신체적 거리에 관한 것이 아니다. 말하자면 그것은 거리의 단축을 의미하는 것이 아니라 '거리의 억제'로 이해해야 한다.[50] 그러나 이러한 억제는 어떤 행위가 아니다. '가까움'은 '관심' 또는 '기다림'에 가깝다. 이렇게 볼 때 '가까움'은 도덕적 상황에 처하는 것과 도덕적 자아가 되는 것이 갖는 어려움을 설명한다고 말할 수 있다. 아울러 그것은 한편으로 도덕적 상황의 구체적인 **특성**과, 다른 한편으로 도덕이 가능할 수 있는 조건, 즉 '발생'할 수 있는 **조건** 같은 것을 설명한다.

도덕은 도덕의 두 당사자에게만 존재하기 때문에 제3자가 그 사이에 끼어들면 상황이 극적으로 변한다. 이것이 사회가 나타나는 '계기'이다. 이제 "'도덕의 당사자'에게 필요충분조건이었던 순진하고 자연 그대로의 도덕적 열정은 더 이상 충분한 것이 되지 못한다".[51] 사회에는 "규범과 법률, 윤리적 규칙 및 재판소"가 필요하다.[52] 바우만은 기본적으로 이러한 필요성을 **상실**로 본다. "**제3자의 선물인 객관성은 도덕의 파트너에게 감동을 주었던 호의에 치명적인 타격, 적어도 잠재적으로 엄청난 타격을 주었다**".[53] '타자'는 이제 '다수' 속에서 해체되며 가장 먼저 해체되는 것은

50 Ibid., p. 87.
51 Ibid., p. 113.
52 Ibid., p. 114.

레비나스가 '얼굴'이라고 부른 것, 즉 타자의 타자성, 다시 말해 '타자성에 대한 책임'으로서의 도덕이다.[54] 이러한 상황에서 우리는 도움이 필요하며 바우만에 따르면 그 도움의 이름은 다름 아닌 '사회'이다.[55] 그러나 사회는 두 가지 다른 방식으로 도움을 제공한다. 다시 말하면 사회는, 바우만이 사회화socialization와 사회성sociality이라고 부른 두 개의 다른 과정으로 '구성'되어 있다. 이 두 과정은 도덕이 더 이상 가능하지 않을 때 각기 다른 방식으로 '도움'을 제공한다(이 맥락에서 바우만이 사용한 '사회화'라는 표현은 1장에서 소개한 방법과 다르다).[56] 사회화와 사회성을 가장 잘 이해하는 방식은 이를 도덕적 열정이라는 '사실'에 대한 사회의 두 가지 다른 반응, 보다 구체적으로 말하면 이 충동의 자발성과 예측 불가능성에 대한 반응으로 보는 것이다. 사회화는 도덕적 열정을 길들이고 사회에 구조를 부여하거나 사회를 구조로 보려는 시도이다.[57] 바우만은 '분열을 일으키고 규제에서 벗어난 도덕적 열정의 영향'이 사회에 의해 무력될 수 있고 또 실제로 (근대) 사회에서 무력화되었던 세 가지 방식을 구분한다.

첫 번째는 양극단의 행위, 즉 '행하는 것'과 '경험하는 것' 사이에 **가까움**이 아닌 **거리**가 있도록 하는 것이다.[58] 즉, "도덕적 한계에 도달하

---

53 Ibid.
54 Ibid., p. 130.
55 Ibid., p. 116.
56 교육의 목적으로 자격화, 사회화, 주체화를 언급할 때의 '사회화'를 가리킨다.
57 Bauman 1993, p. 123.
58 Ibid., p. 125.

는 것을 넘어선 행위의 영향을 제거하는 것"[59]이다. 이 상황에서 행위자는 긴 연쇄 사슬에서 단지 하나의 고리로 시야가 좁혀지며 바로 다음의 고리만을 보고 제어할 수 있을 뿐 궁극적이고 전체적인 목표를 보거나 통제할 수 없다. 그러한 상황에서 행위자의 도덕적 능력은 전체적인 목표와 결과에 개입하는 것이 어려워져서 프로세스의 효율성만을 위해 활용된다. 다시 말해, 도덕의 초점이 "동료에 대한 의리"[60]로 좁혀진다. 이는 "통제와 협력에의 의지를 강화하지만"[61] 동시에 책임감을 억제한다. 두 번째 '방식'은 어떤 '타자들'을 "도덕적 책임이 있는 잠재적 대상의 부류"에서 제외하는 것인데,[62] 바우만은 이러한 과정을 비인간화라고 부른다. 그렇게 되면 '행위의 결과를 받아들이는 위치'에 있는 사람들은 도덕적 주체가 될 수 있는 능력을 거부당하고 "따라서 행위의 의도와 결과에 대해 도덕적 도전을 하는 것이 허락되지 않는다.[63] 세 번째 '방식'은 행위의 대상을 일련의 '특성'으로 해체하여 더 이상 (잠재적으로) 도덕적인 자아로서 나타나지 않도록 하는 것이다. 이 경우 행위는 인간의 구체적인 특성을 대상으로 하지만 전체로서의 온전한 인간을 대상으로 하지는 않는다. 그 결과 전인적 인간과 만날 개연성은 낮아진다.

바우만은 이러한 '방식들'이 도덕을 더 어렵게 하거나 아니면 도덕

---

59 Ibid.

60 Ibid., p. 126.

61 Ibid., p. 127

62 Ibid., p. 125.

63 Ibid., p. 127.

을 소멸시키는 데 활용될 수는 있지만 단지 그런 목적으로 투입되었거나 그럴 수 있는 전략은 아님을 강조한다. 이러한 방식들은 단지 사회화의 '결과'일 뿐이다. 말하자면 사회를 보다 더 구조화 내지 조직화하고 더 질서 있게 만들려는 시도에서 초래된 '결과'일 뿐이다. 이러한 방식들이 부도덕한 행동을 조장하지는 않으며 이 점에서 '중립적'이라 할 수 있지만 그렇다고 좋은 행동을 조장하지도 않는다. 그것들은 오히려 사회적 행동을 도덕적으로 무관심하게 만든다. 바우만은 사회화의 전반적인 영향을 도덕적 열정의 '과도한 합리화outrationalizing'로 표현했다.[64]

반면에 사회성의 과정은 도덕적 열정을 '과도하게 심미적으로 만드는' 결과를 초래한다. 어떤 의미에서 사회성은 모든 면에서 사회화와 정반대이다. 사회성은 "규칙성보다는 독특성을, 합리적인 것보다는 숭고함을 우선시하기 때문에 일반적으로 규칙에 호의적이지 않다".[65] 이러한 과정이 도덕적 열정을 과도하게 합리화할 위험은 없지만 사회성은 '가까움'에 대해 다른 위협을 제기한다. '자발성의 향연'인 사회성의 핵심은 개인을 바우만이 말한 소위 '군중'으로 한데 모으는 것이다. '군중'이란 단지 개인이 '행동'하고 '존재'하는 상황이다. 이 상황은 "결정하지 않은 데서, 혹은 불확실하지 않은 데서 오는 편안함"을 가져온다.[66] 이런 이유로 '군중' 속에서는 결코 책임의 문제가 발생하지 않는다. 바우만은 사회화와 사회성의 두 과정 모두 동일한 결과를 초래한다

---

64 Ibid., p. 119.
65 Ibid.
66 Ibid., 1993, p. 132

는 것을 보여준다. 즉 둘 다 규칙 혹은 군중의 타율성이 도덕적 자아의 자율성을 대체하는 상황을 만든다. "… 사회의 사회화도 군중의 사회성도 도덕적 독립을 용납하지 않는다. 둘 다 동일한 결과에 이른다. 즉 하나는 계획적으로, 다른 하나는 자연스럽게 복종을 추구하고 복종을 얻는다".[67]

어떤 의미에서 우리는 도덕과 관련한 근대성의 주요 경향이 사회화라고 할 수 있다는 점에서 원점으로 돌아왔다. 바우만에게 있어서 근대성은 결국 윤리의 시대, 즉 성문화되고 구조화되고 통제된 도덕의 시대였다. 이 점에 있어서 바우만은 사회화의 과정(사회를 구조화하고 규제하며 통제하려는 포괄적인 시도)이 어떻게 '가까움'과 그에 따른 책임을 더욱 어렵게 만들고 있는지를 보여주고 있다는 점에서 근대성에 대한 도덕적 진단, 즉 근대적인 도덕에 대한 진단을 내리고 있다. 바우만의 분석에서는 사회화의 결과에 강조점을 두고 있지만 사회성을 사회화의 강력한 지배로부터 도덕을 구해낼 수 있는 것으로 생각해서는 안 된다는 것도 그의 저작을 통해서 추론할 수 있다. 사회성은 사회생활의 또다른 위험한 극단, 즉 도덕에 대한 또 하나의 위협으로 나타난다.

그러나 바우만의 전반적인 결론은 어느 정도 낙관적이다. 그는 현대 생활의 조건하에서 도덕이 어려워졌다고 거듭 주장하지만, 불가능하게 된 것은 아니라고 본다. 그의 주장에 따르면 다행스럽게도 '도덕적 양심', 즉 '도덕적 열정의 근본적인 자극과 도덕적 책임의 근원'은

---

67 Ibid.

마비되었을 뿐 사라진 것은 아니다.[68] 그는 도덕적 양심이 단지 휴면 상태이며, 따라서 원칙적으로 깨어날 수 있는 가능성에 분명히 희망과 믿음을 두고 있다. 양심이 "인류의 유일한 보증서이자 희망"이라고 말하는 것은 현대인에게 터무니없는 것으로 여겨질 수도 있다.[69] 그러나 양심은 적어도 성문화된 도덕의 부도덕성과 다수가 지닌 규범의 부도덕성을 모두 폭로하는 데 있어서 유일한 가능성인 것 같다. "양심이 아무리 연약하더라도 거기에 기댈 수밖에 없는데, 양심만이 악을 행하라는 명령에 불복종하는 책임을 불어넣을 수 있기 때문이다".[70]

결론

이 장에서 나는 "현재의 책무성 문화가 어떻게 제반 관계에 영향을 미쳤는가" 하는 질문에 초점을 맞추었다. 내가 도출하고자 하는 첫 번째 결론은 책무성이 모든 관계를 경제적 측면에서 재규정한다는 점에서 책무성 문화는 정치적 관계에 위협이 된다는 것이다. 결과적으로 책무성의 관계는 지난 수십 년 동안 가장 공허하고 남용된 어휘인 '품질'이 내용 및 목표와 관련되기보다는 프로세스와 절차에만 국한됨으로써 형식적인 것이 되어버렸다. 관계의 탈정치화는 국가와 시민, 그리

---

68 Ibid., p. 249.

69 Ibid.

70 Ibid., p. 250.

고 국가와 교육 기관 간의 관계를 위태롭게 한다.

이러한 변화는 한편으로 학교와 교사, 다른 한편으로 학부모와 학생 간의 관계에도 영향을 미쳤다. 그들은 이들 간의 관계를 경제적 측면에서 생각하는 것이 더 쉬운 위치로 빠져들었다. '더 쉬운'이라는 표현을 사용함에 있어서, '공급자'와 '소비자'가 이와 같은 사고를 하도록 '압박'을 받았다는 주장은 피하려고 한다. 여기에 작동하는 메커니즘은 보다 더 미묘하면서도 매우 '편리하며' '정상적인' 사고방식과 행동방식으로 드러나는 것에 휘말리는 것과 더 관련이 있다. 자연스러움을 거스르는 것은 저항이 최소인 길을 선택하는 것보다 더 많은 노력과 신념을 필요로 한다.

학교/교사와 학부모/학생 간의 상호작용은 교육적 공동선에 대한 문제(예: "공동체를 위한 커뮤니티로서 우리가 달성하고자 하는 것은 무엇인가")보다는 주로 교육이 제공하는 '품질'에 대한 문제(예: 다른 학교의 공급자와 비교하는 것; 성적표의 결과)와 금전에 합당한 개인의 가치에 관한 문제("내 아이는 투자한 만큼 충분한 것을 이 학교에서 얻고 있는가?")에 중점을 두고 있는데, 이렇게 모든 관계를 경제적 측면에서 재규정한 결과 그들의 관계가 탈정치화되었다. 앞서 언급한 '중산층'의 불안은 이러한 관계의 탈정치화에 걸려 있는 '메커니즘'의 하나일 수도 있다. 경제적 측면에서 재규정되지 않은 지역 수준의 학교와 교육 기관에는 진정한 민주적 가능성이 있고 나아가 진정한 민주적 책무성의 기회도 있는데 이를 놓치고 있는 것은 안타까운 일이다.

이러한 과정의 또 다른 결과는 학교/교사와 학부모/학생 간 관계의 탈전문화였다. 교사와 교육 기관은 고객에 맞추어야 하고 고객의 요구에 따라야 하는 위치로 빠져들었다. 결과적으로 학습자의 명시적인 '요구'에 어긋나는 문제에 대해서 전문적인 판단을 내리는 것이 점점 더 어려워졌다. 마찬가지로, 부모와 학생들은 소비자의 입장으로 이끌려서 궁극적으로 교육자와 교육 기관의 전문성을 신뢰하고 따르는 것이 더욱 힘들게 되었다.

이러한 변화의 결과로 남아 있는 유일한 민주적 선택은 학부모와 학생이 국가에 책임을 물을 수 있는 간접적인 접근 방식이다. 그러나 책무성의 문화에서 국가는 공급되는 공공 서비스의 '품질' 측면에서만 책임을 지려 하고, 민주적인 측면은 말할 것도 없고 정치적 측면에서도 책임을 지려 하지 않는다는 것이 문제이다. 이 모든 상황에서 교사와 교육 기관의 위치는 방정식의 공급자 측에 갇혔기 때문에 더욱 문제가 된다. 부모와 학생은 국가가 제공하는 서비스의 소비자로서 자신을 나타낼 수 있다는 점을 근거로 목소리를 높일 수 있다. 반면에 교사와 교육 기관은 그러한 구매력을 가지고 있지 않기 때문에 경제적 방정식에서 그들의 전문적인 목소리를 높일 하등의 근거도 없는 것 같다. 그들에게 있어서 분명한 선택은 물론 전문적인 목소리를 높이는 일일 것이다. 그러나 책무성의 문화에서는 이 목소리마저 의심스러워졌다.

당연한 귀결이지만 책무성의 문화는 교육 환경의 제반 관계를 극적으로 변화시켰고, 동일한 방식으로 관련 당사자의 정체성과 자기 인식도 변화시켰다. 앞서 지적했듯이 이 모든 것에는 강력한 심리적 메커니즘이 작용하고 있다. 학부모와 학생들은 교육에서 제공하는 것을 소비하는 역할을 맡음으로써 무시하기 어려운 힘을 가졌다고 생각할 수 있다. 물론 부모와 학생들이 단순히 교육 전문가들의 판단을 받아야 한다고 주장하는 것은 아니며, 교육 기관의 관료적 변덕에 복종해야 한다고 주장하는 것은 더욱 아니다. 그러나 책무성의 문화는 부모/학생과 교육자/기관 간의 관계가 상호적이며 민주적인 관계, 즉 교육적 공동선에 대한 공통된 관심에 기반을 둔 관계로 발전하는 것을 매우 어렵게 만들었다.

바우만의 연구가 중요한 것은 바로 이 지점이다. 그의 연구는 첫째, 포스트모더니즘이 책임을 약화시키는 것이 아니라 책임이 필요불가결하고 실질적인 가능성이 되는 상황으로 보아야 한다는 것을 보여준다. 윤리적 규칙과 시스템의 가능성에 대한 탈근대의 의심은 책임의 종점이 아니라 시작점이다. 둘째, 바우만은 우리가 책임감에 대해 책임을 져야 한다고 촉구한다. 그는 책임의 가능성이 우리 각자에게 달려 있음을 인정할 것을 촉구하고 있다. 셋째, 그의 연구는 우리 사회에서 도덕적 열정이 발현되기 어려운 이유를 이해하는 데 크게 도움이 된다고 생각한다. 이것이 사회화와 사회성에 대한 그의 논의가 갖는 주된 의미이다. 한편으로 그는 사회화가 어떻게 도덕적 열정을 억제하는지를 보여준다. 그러나 동시에 그는 사회성이 결국은 '가까움'을 불가능하게 만들기 때문에 사회화로 인해 야기된 문제에 대한 '해결책'이 아니라고 주장한다.

이러한 배경에서 나는 책무성의 문화가 책임에 매우 심각한 위협을 가한다고 결론짓고 싶다. 책무성은 단지 책임을 어떻게 이해할 것인지에 대한 또 하나의 담론이 아닐뿐더러 책임에 대한 또 다른 정의 혹은 조작적 정의도 아니다. 책무성의 문화는 '가까움'의 가능성에 심각한 위협이 된다. 도덕적 열정을 무력화시킬 수 있는 세 가지 방식에 대한 바우만의 설명은 책무성 문화가 초래하는 미시적 관계에 대해 놀라울 정도로 정확한 설명을 제공한다. 그것은 책임에 대한 기술적-관리적 접근방식이 책임을 중심에 두는 접근방식과 결코 조화될 수 없다는 것을 보여준다.

이러한 성찰로부터 어떤 긍정적인 의제가 도출되는가? 탈근대 윤리의 렌즈를 통해 책무성 문화를 바라볼 때 얻을 수 있는 가장 중요한 교훈의 하나는, 이 문화가 어떻게 '가까움'의 가능성에 위협이 되는지를 이해하는 것이라고 말하고 싶다. 여기서 말하는 '가까움'이 낭만적인 개념이 아니라는 점을 인식하는 것이 중요하다. 바우만의 주장은 사회가 문제이고 공동체가 그 해결책이라는 것이 아니다. 다시 말하면 '가까움'은 '사회성'과 같은 것이 아니다. '가까움'은 신체적 거리에 관한 것이 아니다. 그것은 거리의 단축을 의미하지 않는다. '가까움'은 관심 혹은 기다림과 관계가 있다. '가까움'은 끊임없이 '성취'해야 하는 것이며 결정적으로 세심하게 주의를 기울이고 기다리는 등의 개인적인 노력과 헌신에 달려 있다. 그것은 도덕적 자아가 되는 일에 따르는 어려움과 도덕적 상황으로서의 본질적 특성, 말하자면 책임이 출현할 수 있는 조건 모두를 분명히 표현한다.

나는 이것이 단지 개인적인 과제에 그치는 것이 아니라는 점을 강조하고 싶다. 만일 책임이 교육적 관계를 구성하는 필수요소라는 사실을 기꺼이 인정한다면 이는 전문적인 과제이기도 하다. 궁극적으로 책임에 기초하여 우리의 관계를 재정의하는 것은 우리가 정치를 공통의 관심사에 대해 책임을 지는 것the res publica(공공의 것)으로 이해할 수 있다는 점에서, 책무성의 정치적 차원을 회복하고 되찾는 방법일 수도 있다. 결국 정치적 책임을 진다는 것은 바로 우리에게 직접적인 이해관계가 없는 것, 심지어는 아무런 이해관계가 없는 것에 책임을 지는 것이다.

04
—
멈춤의 교육

04
멈춤의 교육

1장에서 나는 좋은 교육의 문제를 다루는 프레임에 대해 설명했다. 그 프레임에는 자격화, 사회화 및 주체화라는 교육의 세 가지 다른 기능이 포함된다. 이러한 구분을 강조하는 것은 교육이 실제로 운영되는 다양한 '영역'을 나타내기 위한 것만이 아니다. 자격화와 사회화, 주체화는 교육의 세 가지 가능한 목표로 볼 수도 있다고 주장했다. 따라서 세 가지 개념 간의 구분이 갖는 의미는 분석적이면서 프로그램적이다.[1] 이 구분은 교육자가 자신의 실천을 분석하고 활동의 목표와 목적에 대해 보다 구체적인 토론을 하는 데 유용하다. 동시에 이 구분은 세 영역 중 하나에만 교육을 집중하기로 했다면 이는 분명 다른 차원에는 사실

---

1 분석적이란 용어는 주로 문제나 주제를 세부적으로 조사하고 이해하려는 방식을 묘사할 때 사용되는 반면, 프로그램적인 방식은 주로 프로젝트 관리, 계획 수립, 또는 특정 작업의 진행을 설명하는 데 사용된다(옮긴이).

상 주의를 기울이지 않기로 결정했음을 의미한다(물론 다른 영역에 '영향'이 없을 것이라는 의미는 아니다). 1장에서 논의하지 않은 한 가지 문제는 자격화와 사회화 및 주체화를 의미 있게 구분하는 것이 실제로 가능한지 여부이다. 이 장에서 나는 이 중 하나의 측면에 초점을 맞출 것인데, 그것은 사회화와 주체화 간에 의미 있는 구별을 하는 것이 여전히 가능한지를 살펴보는 것이다. 이런 방식으로 질문을 던지는 이유는 과거에 이를 구분했던 방식에 문제가 있었다는 점과 관련이 있기 때문이다. 이 장에서 나는 이것이 왜 그런지를 설명하면서 아울러 이 난제에 대해 다분히 이론적 수준에서 그리고 '멈춤의 교육pedagogy of interruption'이라는 측면에서 가능한 해답을 제시할 것이다.

멈춤의 교육A Pedagogy of Interruption

저자는 『학습을 넘어Beyond Learning』의 에필로그에서 멈춤의 교육에 대해 긍정적인 의견을 피력한 바 있다. 언뜻 보기에 교육이 중단되어야 하고 교사들은 어떤 식으로든 학생들의 활동을 '멈추도록' 하는 데 관여해야 한다고 주장하는 것은 이상하게 여겨질 수 있다. 교사의 임무는 학생들을 지원하고, 그들의 학습을 촉진하고, 그들이 가능한 한 최선을 다할 수 있도록 하는 것이 아닌가? '멈춤'의 교육을 요구하는 것은 교육에서 중요한 모든 것에 위배되지 않는가? 이 질문에 대한 나의 대답은 간단한데 그것은 상황에 따라 다르다는 것이다. 그리고 무엇보다도 교육이 무엇에 관한 것이라고 생각하는지, 또 무엇에 관한 것이어야 한다고 생각하는지에 달려 있다. 1장에서 살펴본 바와 같이 '교육'은 다층적이고 다면적인 개념이다. 한편에서는 학교 교육 혹은 자녀가 부모로부터 받는 교육과 같은 특정의 실천을 **설명**하는 데 사용된다. 다른 한편에서는, 가령 요즘 학교가 너무 시험에 비중을 많이 둬서 더 이상 적절한 교육을 제공하지 않고 있다고 말할 때와 같이, 그러한 실천과 그에 따른 결과를 **판단**하는 데 사용된다. 그러나 이것은 더 많은 의문을 제기한다. 왜냐하면 '좋은' 또는 '효과적인' 또는 '성공적인' 교육이 무엇인가하는 질문에 대해 우리는 교육이 추구하는 가치에 대한 관점에 근거하여 판단을 내리기 때문이다. 이것은 우리가 실제로 교육에 기대하는 것이 명확하지 않으면 교육의 질에 대해 판단을 내릴 수 없다는 것을 의미한다. 1장에서 보다 상세히 설명했듯이 교육의 다양한 기능과 목적을 구별하는 것이 중요한 이유는 바로 이 때문이다.

학교는 자격화에만 관심을 가져야 한다는 이들도 있고 교육은 사회화에서 중요한 역할을 수행한다고 주장하는 이들도 있지만, 나는 주체화가 그 이름에 걸맞게 모든 교육의 본질적인 요소가 되어야 한다는 입장을 취한다. 이것은 교육이 항상 어떤 식으로든 교육받는 사람들의 주체성에 영향을 미친다는 사실을 언급하는 경험적 진술로서의 의미가 아니다. 그것은 교육이 사회화에만 초점을 맞춘다면, 즉 기존의 사회문화적, 정치적 질서에 '새로 오는 자들newcomers'을 끌어들이는 것에만 초점을 맞춘다면, 그리고 새로 오는 자들이 그러한 질서로부터 어떻게든 독립할 수 있는 방식에 관심이 없다면 그러한 교육은 비교육적이 된다는 믿음을 표현하는 규범적 진술로서의 의미를 갖는다. 말하자면, 교육은 항상 인간의 자유에 관심을 가져야 하며, 이것이 주체화 차원에서 교육이 갖는 중요성에 대한 나의 주장 속에 전제되어 있는 것이다.

멈춤의 교육이란 개념은 교육의 모든 차원을 포괄하는 것이 아니라 특히 주체화에 역점을 두는 것이다. 왜 그런지 설명하기 위해 아래에서 현대 교육의 뿌리를 간략히 재구성하는 것으로 시작할 것이다. 그 목적은 교육에서 주체화를 중요시하는 사유의 역사에 대한 의미를 제시하는 것만이 아니라, 주체성을 이해하는 특정의 현대적 방식이 어떻게 해서 문제가 되었는지, 그리고 왜 이것이 철학의 문제일 뿐만 아니라 어쩌면 최우선적으로 교육의 문제가 되는지를 보여줄 수 있는 배경도 아울러 제시하기 위함이다. 이 배경과 관련하여 나는 다른 방식으로 인간 주체성의 문제를 다루기 위한 일련의 생각을 제시할 것이다. 이는 결국 멈춤의 교육에서는 무엇이 현안인지를 분명히 드러나게 해줄 것이다.

근대교육의 출범과 종언

교육 본연의 관심으로서의 주체성 그리고 사회화와 구분되는 어떤 것으로서의 주체성에 대한 사유에는 나름의 근대역사가 있으며 그 기원은 계몽주의로 거슬러 올라갈 수 있다. 이 역사의 핵심 인물은 임마누엘 칸트Immanuel Kant인데 이는 칸트가 주체성이라는 특정의 근대적인 개념을 창안했기 때문이라기보다는(그렇게 했다고 말할 수도 있지만) 돌이켜 볼 때 무엇보다도 칸트의 저작이 근대 교육의 발전을 위한 중요한 기준점이 되었기 때문이다. 자율성과 합리성, 비판성 같은 개념들 – 인간의 주체성에 '투자'하는 것을 목표로 하는 교육의 모든 특성들 – 은 계몽사상과 교육에 관한 칸트의 저작들로 쉽게 거슬러 올라갈 수 있다.

칸트는 계몽에 대해 "스스로 초래한 후견에서" 벗어나는 것으로, 그리고 후견에 대해 "다른 사람의 지시 없이는 자신의 오성을 사용할 수 없는" 무능력으로 정의했다.[2] 칸트의 '합리적 자율성'(이성에 기초한 자율성) 개념에 있어서 **철학적으로** 가장 중요한 측면은, 이것을 우연한 역사적 가능성으로 생각하지 않고 인간 본성의 내재적인 목적으로 보았다는 것이다. 그래서 그는 계몽의 진보를 가로막는다면 이는 '인간 본성에 반하는 범죄'가 될 것이라고 주장했다.[3] **교육적으로** 칸트 사상의 가장 중요한 측면은, 교육을 통해서만 '자유로운 사고에 대한 성향'을 함양할 수 있다는 주장에서 확인할 수 있다.[4] 칸트는, 인간은 "교육을 받아야 하는 유일한 피조물"이라고 했을 뿐만 아니라,[5] 인간은 오직 교육을 통해서만 인간이 될 수 있다고 주장했다. 여기서 인간이란 다른 사람의 지시 없이 자신의 오성을 사용하는 존재(합리적이고 자율적인 존재라고 할 수 있음)를 말한다.[6]

칸트에게 있어서 교육의 이론적 근거는 "스스로 동기를 부여하고

2 Kant 1992[1784], p. 90.
3 Ibid., p. 93.
4 Kant 1982, p. 710 참조
5 Ibid., p. 697.
6 Ibid., p. 699.

자기 주도적으로 될 수 있는 고유의 잠재력을 지닌 특정 주체"라는 개념에 기초를 두었고 "이 주체들이 충분히 자율적이 되고 개별적이고 의도적인 행위를 행사할 수 있도록" 이러한 잠재력을 유발하거나 풀어 놓는 것이 교육의 과제가 되었다.[7] 칸트의 개입에 있어서 가장 중요한 것은 교육과 자유 사이에 연결 고리를 만들었다는 점이다. 그의 저작이 근대 교육의 출발을 나타낸다고 말할 수 있는 근거는 바로 이것이다. 칸트는 타율적인 결정과 자율적인 결정을 구별하고 교육은 결국 전자가 아닌 후자와 관련이 있다고 주장함으로써 자유의 문제를 현대 교육의 핵심 쟁점으로 삼았다. 따라서 어떤 의미에서는 칸트 이후에 와서야 사회화와 주체화를 구별할 수 있게 되었다고 볼 수 있다.

이와 같이 칸트의 주장은 교육적 사유와 실천에 있어서 완전히 새로운 영역을 열었고, 교육은 단순한 주입이나 훈련에 관한 것이 아니라 자유와 독립, 그리고 자율성의 추구를 수반하는 것이라는 생각은 근대 교육의 핵심 신조로 남아 있지만, **이러한 교육은 출발도 하기도 전에 거의 종료되었다.** 이러한 일은 서로 관련된 두 개의 방향에서 이루어졌다. 첫째는 무엇보다도 칸트의 프레임에서는 인간답게 된다는 것이 무엇을 의미하는지에 대한 정의가 단 하나뿐이었기 때문이다. 칸트에게 있어서 이성의 활용에 근거한 자율성은 인간성의 징표가 되었는데 이로 인해 아이들을 포함하여 이성적이지 않거나 아직 이성의 수준에 이르지 못했다고 여겨지는 사람들은 '곤란한' 입장에 처하게 되었다. 둘째는

---

7   Usher and Edwards 1994, pp. 24-25.

계몽의 성취가 우연한 역사적 가능성이 아니라, 앞에서 밝혔듯이 인간 존재의 **목적**에 확고하게 뿌리박고 있는 어떤 것으로 보았기 때문이다. 이는 근대 교육이 인간의 운명에 대한 특정의 진리에 토대를 두었음을 의미한다.

이와 같이 칸트의 사상에 토대를 둔 근대교육은 출범도 하기 전에 종료되었지만 이러한 사실은 상당 기간 간과되었다. 이것은 부분적으로 인간이란 궁극적으로 자율성을 위해 노력하는 합리적인 존재라는 근본적인 믿음에 대한 광범위한 지지가 있었기 때문이다. 이것은 어쨌든 프랑스, 독일, 스코틀랜드 계몽주의의 '어젠다'였다. 그러나 더욱 중요한 사실이지만, 근대교육의 토대에 대한 칸트의 설명이 종료되었음에도 이 사실이 간과된 것은, 인간 존재의 목적에 대한 이러한 정의에서 제외된 사람들, 즉 비이성적이거나 전이성적으로 간주되는 사람들(예: 아이들)이 자신들이 배제된 것에 대해 항의할 목소리가 없었기 때문이다. 그리고 이러한 목소리를 낼 수 없었던 것은 바로, 인간답게 된다는 것이 무엇을 의미하는지에 대한 특정의 정의 때문이다. 말하자면 그들은 말을 할 수 있기도 전에 또는 말할 수 있음을 인정받기도 전에 인간의 범주에서 제외되었던 것이다.[8]

---

8 Rancière 1995; 이 책 6장 참조

휴머니즘

철학적으로 근대 교육의 프로젝트가 출범한 방식의 문제를 드러내는 한 가지 방법은 인본주의적 토대에 초점을 맞추는 것이다. 나는 여기서 '휴머니즘'을 특정의 철학적인 의미로, 즉 인간의 본질이나 본성은 알 수 있고 표현할 수 있으며, 또한 교육의 영역뿐만 아니라 정치와 같은 다른 영역에서도 인간의 본질에 관한 지식을 차후 행위의 토대로 사용할 수 있다는 의미로 사용하고 있다. 레비나스는 이러한 의미의 휴머니즘을, '인간'이라는 불변의 본질을 인식하는 것, 즉 모든 가치를 [생성하는] 실재Real와 인간의 가치라는 경제에서 인간의 중심적 위치를 확증하는 것으로 특징짓는다.[9] 이러한 특정의 의미에서 근대 교육에 대한 칸트의 '프레임'을 인본주의적이라고 특징지을 수 있다. 이는 그의 프레임이 인간의 본성과 운명에 관한 특정의 진리에 토대를 두고 있다고 보기 때문이다. 이것은 칸트가 인간의 주체성과 관련하여 자연주의적 이해를 분명하게 표현했다는 의미가 아니다.[10] 그러나 그의 연구는 레비나스가 바라본 '휴머니즘'의 의미에서의 교육에 대한 인본주의적 접근의 중요한 기준점이 되었다.

20세기 철학에서 휴머니즘은 기본적으로 두 가지 이유로 도전을 받아왔다. 한편으로는 휴머니즘의 가능성, 즉 인간이 자신의 본질과 기원을 규정할 수 있는 가능성에 대한 의문이 제기되었다. 푸코와 데리다는

---

9   Levinas 1990, p. 277.
10 이 문제와 관련한 유용한 토론에 대해서는 Laverty 2009 참조

둘 다 인간의 본질과 기원을 포착하려는 시도가 불가능함을 보여주었다. 이러한 불가능성은 '인간의 종말' 또는 '주체의 죽음'으로 알려지게 되었다.[11] 다른 한편으로 휴머니즘의 타당성에 대한 의문이 제기되었다. 이러한 의문은 특히 하이데거와 레비나스로부터 나왔다.[12] 레비나스에게 있어서 "현대 사회가 봉착한 휴머니즘의 위기"는 "최근 역사의 비인간적 사건들"에서 시작되었다.[13] 그러나 레비나스가 볼 때 휴머니즘의 위기는 단지 이러한 휴머니즘 자체에만 있는 것이 아니라 무엇보다도 휴머니즘이 그러한 비인간성에 효과적으로 대항할 수 없었다는 사실, 그리고 20세기의 많은 비인간적인 사건들이 사실상 인간답게 된다는 것이 무엇을 의미하는지에 대한 특별한 정의에 기반을 두고 또 이로 인해 그런 사건들의 동기를 부여받았다는 사실에서 찾을 수 있다. 예를 들면 1914년의 전쟁, 스탈린주의로 비난받는 러시아 혁명, 파시즘, 히틀러주의, 1933~45년의 전쟁, 원자 폭탄 투하, 대량 학살 및 끊임없는 전쟁[14] 등이 대표적인 비인간적 사건들이다. 그래서 하이데거를 연상시키는 표현으로 레비나스는 "휴머니즘은 **충분히** 인간적이지 않기 때문에 비난받아야 한다"고 결론 내린다.[15]

이러한 형태의 휴머니즘은, '인간다움'이라는 규범, 즉 인간답게 된다는 것이 무엇을 의미하는지에 대한 규범을 미리 상정하고, 그렇게

---

11 Faucault 1970; Derrida 1982 참조
12 자세한 내용은 Biesta 2006a 및 Derrida 1982, pp. 109-136 참조
13 Levinas 1990, p. 279.
14 Ibid., p. 279.
15 Levinas 1981, p. 128.

함으로써 이 규범에 부응하지 않거나 부응할 수 없는 사람들을 배제한다는 점에 문제가 있다. 그리고 21세기가 시작되면서 이것은 단지 이론적 가능성의 문제만이 아니라는 점이 분명해졌다. 즉 이는 단지 일반적이고 철학적인 가능성에 국한된 것이 아니고 교육적으로도 중요한 파급 효과를 가지고 있다. **교육의 관점에서 볼 때 이러한 형태의 휴머니즘이 지니는 문제는 인간성이 실제로 '구체적인 형태'로 현실화되기도 전에 인간답게 된다는 것이 무엇을 의미하는지에 대한 규범을 규정해버린다는 것이다.** 이는 아이, 학생 또는 새로 오는 자에게 자신이 누구이며 앞으로 어떤 사람이 될 것인지 보여줄 기회를 주기도 전에 그들이 무엇이 되어야 하는지를 명시한다. 따라서 이러한 형태의 휴머니즘은 새로 오는 자들이 인간답게 된다는 것이 무엇을 의미하는지에 대한 우리의 이해를 근본적으로 바꿀 수 있는 가능성을 열어 놓지 않은 것으로 보인다. 그 결과 교육은 다시금 일종의 사회화가 된다. 이 특정의 프레임에서 각각의 '새로 오는 자'는 이미 정해지거나 알려진 혹은 그 특성이 정해진 본질의 한 사례, 어느 정도 '성공적인' 사례로만 간주될 뿐이기 때문이다.

우리가 사회화의 렌즈를 통해 교육을 본다면 이 모든 것은 물론 문제가 되지 않는다. 그러나 여기서 칸트가 여전히 중요한 이유는 그가 교육과 사회화를 의미 있게 구분할 수 있어야 한다는 사상, 즉 기존 질서에 편입하는 것을 지향하는 교육과 자유를 추구하는 교육을 구분할 수 있어야 한다는 사상을 남겼기 때문이다. 이러한 구분을 받아들인다면, 다시 말해 계몽주의의 "규정되지 않은 자유의 작업"[16]이라고 푸코가 적절하게 언급한 것을 받아들인다면, 이론과 실제 모두에서 어떻게 교육과 사회화를 구별할 수 있을지를 다시 생각해보되 처음에 이러한 문제를 제기한 계몽주의라는 철학적 틀로 되돌아가지 않는 것이 중요하다.

세계로의 출현: 현전Presence,[17] 복수성 및 유일성

나는 두 가지 아이디어를 결합해서 이러한 도전에 대응해 왔다. 한편으로 특정한 주체성의 산출로서의 교육의 개념을, 즉 교육자로서 합리적이고 자율적인 인간과 같은 특정한 형태의 인간 육성 과정으로서의 교육이라는 개념을, 유일한 개인인 우리가 어떻게 '현전으로 출현coming into presence'하는가라는 문제로, 보다 구체적으로 말하면 어떻게 복수성과 차이의 세계로 출현하는가라는 문제로 대체했다. '현전으로의 출현'이라는 개념은 인간의 주체성과 주체화에 대한 교육적 관심을 밝히는 것이지만 여기에는 고정된 주형, 즉 인간답게 된다는 것 혹은 인간으로서 존재한다는 것이 무엇을 의미하는지에 대해 사전에 정해진

---

16 Faucault 1984, p. 46.

17 서양철학에서 'presence'란 개념은 후설, 하이데거, 데리다, 마리옹 등을 통해 매우 복잡하고 긴 논의의 역사를 가지고 있고, 우리말로는 현존 혹은 현전 등 일상용어와는 거리가 있는 말로 옮겨지는 경우가 많다. 이 책의 저자는 'presence'를 미리 주어진 혹은 표준화된 존재의 의미가 아닌 생성 중에 있는 '개별적 존재' 혹은 '주체'의 탄생과 관련된 의미로 사용하고 있다고 여겨지며 이어지는 섹션에서 아렌트가 인간의 특징을 '시작'과 시작하는 자'를 뜻하는 '이니티움initium'으로 규정한 것과도 관련 있는 개념이라 판단된다(옮긴이).

개념이 존재하지 않는다. 따라서 '현전으로의 출현'이라는 개념은 인간의 주체성과 주체화에 대한 인본주의적 결정을 극복하려고 한다. 초점이 '현전으로의 출현'으로 바뀐 것은 겉으로는 아동 중심적이고 학생 중심적인 교육의 형태와 유사하다. 그러나 극단적인 형태의 아동 중심 교육과 학생 중심 교육이라면 출현하는 사물과 사람 모두를 그냥 모두 받아들이면 되지만 그런 교육이 아닌 경우에는 무엇이, 그리고 누가 주체로 출현하는지에 대해 판단할 필요성이 있음을 강하게 주장한다. 이 판단은 주체로 출현하는 사건 이전이 아니라 이러한 사건 이후에 이루어져야 한다는 것이 내 주장의 요지이다. 물론 여기에는 위험이 수반되지만, 문제는 우리가 이런 위험을 없애려고 노력해야 하는가의 여부가 아니다. 진정한 문제는 새로운 히틀러 또는 새로운 폴 포트의 출현을 막기 위해 새로운 테레사 수녀, 새로운 마틴 루터 킹 또는 넬슨 만델라가 주체로 출현할 가능성도 차단해야 하는가의 여부이다. 이 문제는 간단하기도 하지만 엄청나게 복잡한 것도 사실이다.

위에서 설명한 도전에 대응하기 위해 내가 사용한 또 다른 개념은 '유일성uniqueness'이다. 각 개인이 어떤 의미에서 유일하다는 주장이 타당하다면 우리는 더 이상 인간의 개별성을, 인간답게 된다는 것이 무엇을 의미하는지에 대한 어떤 근본적인 정의로 축소시킬 수 없기 때문에 이 개념은 휴머니즘을 극복하는 하나의 방식이다. 그리고 사회화는 항상 우리가 어떻게 더 폭넓고 전체를 아우르는 '질서'의 일부가 되는지에 관한 것이지만 **유일성은 그러한 질서와 어떻게 다른지를 표현하는 것**이기 때문에 주체화를 유일성의 측면에서 생각할 수 있다면, 교육을 사회화와 구분하는 방법을 찾게 될 것이다. 그러므로 '현전으로의 출현'과 '유일성'은 내가 근대 휴머니즘의 도전에 대응하는 데 있어서 두 가지 핵심적인 개념이다. 그러나 이러한 개념을 가정하는 것만으로는 물론 충분하지 않다. 그러므로 이제 내가 두 개념을 어떻게 이해하고 있으며 두 개념이 어떻게 관련되어 있는지, 교육자의 책임과 관련하여 의미하는 바가 무엇인지, 그리고 이것이 어떻게 멈춤의 교육이란 개념과 연결되는지를 간략하게 설명할 것이다.

'현전으로의 출현'에서 '세계로의 출현'

'현전으로의 출현'이라는 개념을 발전시키는 데 도움을 준 저자는 한나 아렌트Hannah Arend이다. 특히 그녀의 **활동적 삶**vita activa에 대한 분석에서 많은 도움을 받았다.[18] 아렌트는 인간의 활동적 삶을 **노동, 작업, 행위**의 세 가지 유형으로 구분한다. **노동**은 인체의 생물학적 과정에 해당하는 활동이다. 그것은 생명을 유지할 필요성에서 비롯되며 생명의 유지에만 관여한다. 그 노력은 생명을 유지하기 위해 끊임없이 갱신되어야 하는데, 이는 노동이 영속성을 창출하지 못한다는 것을 의미한다. 이에 반해 **작업**은 인간이 적극적으로 환경을 변화시키는 방식과 관련이 있으며, 이를 통해 지속가능성을 특징으로 하는 세계를 창조한다. 이러한 활동 방식을 통하여 인간은 '노동하는 동물'이라기보다는 '제작하는 존재'로서 인간의 삶을 펼칠 수 있는 안정적인 환경을 구축한다.

---

18 Arendt 1958.

노동과 작업이 도구성과 필요성, 그리고 활동의 외부에 있는 목표 및 목적과 관련이 있는 반면, 세 번째 유형의 활동적 삶, 즉 **행위**는 그 자체가 목적이며 결정적인 특징은 자유이다.

아렌트에게 있어서 **행위**한다는 것은 우선 주도적이 되는 것, 즉 뭔가 새로운 것을 시작하는 것을 의미한다. 아렌트는 인간의 특징을 **이니티움**initium, 즉 '**시작과 시작하는 자**a beginning and a beginner'로 정의했다.[19] 그녀에 따르면 우리 각자를 유일한 존재로 만드는 것은 이전에 해본 적이 없는 일을 할 수 있는 가능성이다. 아렌트가 행위를 탄생이라는 사실에 비유하는 것은 탄생할 때마다 "유일하게 새로운" 무언가가 세상으로 출현하기 때문이다.[20] 그러나 탄생의 순간에만 새로운 것이 세계에 출현하지는 않는다. **우리는 말과 행위를 통해서도 끊임없이 새로운 시작을 세계 속으로 가지고 온다.** 아렌트에게 있어서 행위는 자유와 밀접하게 연결되어 있다. 그러나 그녀는 자유를 의지의 현상, 즉 우리가 선택한 것은 무엇이든 할 수 있는 자유가 아니라, "이전에는 존재하지 않았던 어떤 것이 존재하도록 요청"하는 자유로 이해해야 한다고 강조한다.[21] 주권으로서의 자유와 시작으로서의 자유 사이의 미묘한 차이는 커다란 결과를 초래한다. 주된 의미는 자유가 '내면의 감정'이나 사적인 경험이 아니라 필연적으로 공적인 것이며, 따라서 정치적인 현상이라는 것이다. 아렌트의 설명에 따르면 "정치의 존재 이유는 자유이며 정치의 경

---

19 Arendt 1977, p. 170.
20 Arendt 1958, p. 178.
21 Arendt 1977, p. 151.

험 영역은 행위이다".[22] 그녀는 자유가 출현하기 위해서는 '공적 영역'이 필요하다고 거듭해서 강조한다. 더욱이 **자유는 오직 행위 속에서만 존재하며, 이것은 행위하기 이전도 아니고 행위하고 나서도 아니며, 행위를 할 때에만 인간은 자유롭다**는 것을 의미한다. 여기서의 자유는 '선물로서 소유하는 자유'와는 다르다. 이것이 제기하는 질문은 자유가 어떻게 출현할 수 있는가 하는 것이다.

이 질문에 답하기 위해서는 '시작'은 행위의 절반에 불과하다는 사실을 아는 것이 중요하다. 우리가 말과 행동을 통해 **'특유의 유일성'**을 드러내는 것은 사실이지만, 모든 것은 다른 사람들이 우리의 주도권을 어떻게 받아들이느냐에 달려 있다. 그래서 행위자는 창조자나 제작자가 아니라 이중적 의미에 있어서의 주체, 즉 행위를 시작한 자와 그 행위의 결과로 인해 고통을 받고 그 결과에 지배받는 자라고 아렌트는 주장한다.[23] (이것이 내가 '개체성'과 '개별화' 같은 개념보다 '주체성'과 '주체화'라는 개념을 선호하는 이유이다.) 이 말의 뜻은 나의 행위의 '한계 capacity' 및 그에 따른 자유가 결정적으로 다른 사람들이 나의 시작, 즉 주도권을 어떻게 받아들이느냐에 달려 있다는 것이다. 그러나 '문제'는 내가 예측할 수 없는 방식으로 다른 사람들이 나의 주도권에 응답한다는 것이다. 이것은 나의 시작을 좌절시키지만, "내가 행하는 것에 대해 유일한 주인으로 남을 수 없다"[24]는 사실은 동시에 나의 시작이 세상으

---

22 Ibid., p. 146.

23 Arendt 1958, p. 184.

24 원문에서는 이 문장의 주어가 1인칭 복수 'we'로 되어 있지만 의미를 분명히 하기 위해

로 출현할 수 있는 유일한 조건이라고 아렌트는 거듭해서 강조한다.[25] 물론 나는 다른 사람들이 나의 시작에 대응하는 방식을 통제하려 시도할 수도 있다. 그러나 만약 내가 그렇게 한다면, 이는 다른 사람들이 시작할 기회를 박탈하는 셈이 된다. 그러면 나는 그들에게 행동할 기회를 박탈할 것이고, 따라서 그들의 자유를 구속하게 될 것이다. 그러므로 행위는 결코 고립된 상태에서 이루어질 수 있는 것이 아니다. 아렌트는 심지어 "고립되는 것은 행동할 수 있는 능력을 박탈당하는 것"이라고까지 주장한다.[26] 이는 또한 복수성이 없이는 아렌트가 말하는 의미에서의 행위가 결코 가능하지 않다는 것을 말해준다. 우리가 복수성을 박탈하는 순간, 즉 우리가 다른 사람들이 우리의 주도권에 대응하는 방식을 통제하려고 함으로써 타인들의 타자성을 박탈하는 순간, 그들의 행위와 자유를 박탈할 뿐 아니라 결과적으로 우리의 행위와 자유의 가능성마저 박탈당하게 된다. 이 모든 것은 "복수성은 인간 행위의 조건"[27]이라는 아렌트의 진술로 요약된다. 그러나 이것은 경험적 진술로가 아니라 아렌트 철학의 규범적 핵심으로 읽혀야 한다. 왜냐하면 그녀의 연구는 행동하고 출현하고 자유로울 수 있는 기회가 모두에게 열려 있는 세계를 추구하고 있기 때문이다.

이러한 사유방식이 갖는 중요한 의미는 '자유가 나타날 수 있는' 공

서 '나'로 옮겼다(옮긴이).

25 Arendt 1958, p. 244.

26 Ibid., p. 188.

27 Ibid., p. 8.

적인 영역을 물리적 측면에서 이해해서는 안 된다는 것이다. 예를 들면 공적인 영역은 길거리나 쇼핑몰과 반드시 일치하지는 않으며 상호작용의 특정한 속성을 나타낸다. 공적인 영역은 '사람들의 조직'을 의미하며 "사람들이 함께 행동하고 말하는 것에서 만들어진다. 그리고 진정한 공적 영역의 공간은 사람들이 어디에 있게 되든 상관없이 이러한 목적을 위해 협력해서 살아가는 사람들 사이에 놓여 있다. … 그것은 가장 넓은 의미에서 출현의 공간, 즉 타자들이 나에게 출현하는 것처럼 내가 타자들에게 출현하는 공간이다. 이 공간에서 인간은 단지 다른 생물이나 무생물처럼 존재하지 않고 자신의 모습을 분명히 드러낸다".[28] 이는 "우리 손의 작업으로 이루어진 공간들과는 달리 공적 영역은 그것을 가능하게 한 운동의 활력이 멈추면 활동 자체가 사라지거나 저지되면서 결국 소멸한다는 것"을 의미한다.[29,30]

아렌트의 '행위' 개념은 인간이 주체로 끊임없이 출현하는 방식에 대한 이해를 수반한다. 그것은 사회 이전의pre-social 어떤 정체성의 표현이 아니라 우리와 같지 않은 사람들이 살아가는 복잡한 세계에 참여하는 방식과 관련이 있다. 그러므로 우리의 자유와 주체성은 복수성의 네트워크 외부에서는 발견할 수가 없다. 자유와 주체성은 복수성의 네트워크 내부에만 존재한다. 이와 같이 아렌트는 주체화가 지속적이고

---

28 Arendt 1958, pp. 198-199.

29 Ibid., p. 199.

30 공적인 영역은 고정적으로 존재하는 실체의 개념이 아니라 '함께 행동하고 말하는 것'과 같이 사람들이 더불어 하는 활동 속에서만 존재하는 과정의 개념임을 말하고 있다 (옮긴이).

끝없는 과정이자 득과 실이 공존하는 과정[31]이기 때문에 **우리가 세상에 출현시킨 것을 상실한 위험을 감수하지 않으면 결코 자유와 주체성을 얻을 수 없다는 것을 알려준다.** 그러므로 우리는 복수성의 네트워크에 참여할 때만이 주체로 출현할 수 있다. 이것은 왜 주체화가 어려운 과정인지를 설명해준다. 그러나 이 어려움은 우리가 극복하거나 없애려고 애써야 할 어려움이 아니다. '주체로 출현한다'는 개념은 개인의 측면에서 일어나는 것을 매우 강조하기는 하지만 이 개념은 항상 '세계 속으로 출현하는 과정'으로 생각하는 편이 더 나을 것이다. 여기서의 '세계'는 복수성과 차이의 세계를 의미한다.

유일성

'유일성'이라는 개념은 내가 아렌트에게서 받아들인 사상, 특히 인간은 행위를 통해 '특유의 유일성'을 드러낸다는 그녀의 사상에서 중요한 역할을 한다. 앞서 밝혔듯이 이것은 우리가 의도했던 것과 다른 방식으로 우리의 주도권이 받아들여질 위험을 감수해야만 유일성을 드러낼 수 있다는 의미이다. 아렌트는 '유일성'의 개념을 우리가 다른 사람들과 함께 존재하는 특정의 방식과 연결시킨다. 따라서 그녀의 주장이 갖는 중요한 점은 유일성의 문제를 관계적, 정치적, 실존적 측면에서 접근하는 데 도움을 준다는 것이다. 그러나 행위를 통해 각자 특유의 유일성을 드러낸다는 생각은 여전히 주체의 특징이나 특성의 측면

---

31 주체화에는 언제나 얻는 것만 있는 것이 아니라 잃는 것도 동반되기 때문에 위험을 안고 있음을 말하는 것이다(옮긴이).

에서 유일성을 이해할 위험이 있으며 그렇게 되면 우리가 가지고 있거나 소유하고 있는 실체의 관점에서 유일성을 바라볼 우려가 있다. (다시 말하면, 이는 유일성에 대한 질문을 정체성에 대한 질문으로 환원하게 될 것이다.) 유일성을 이런 방식으로 이해하는 것에는 몇 가지 문제가 있다. 하나는 우리가 지니고 있는 특징의 관점에서 유일성을 생각한다면, 철학자들이 지칭하듯이 그러한 특징의 운반자가 될 수 있는 근본적인 '토대substratum'가 있다고 가정해야 한다는 것이다. 이렇게 되면 우리는 근본적인 인간의 본질에 대한 관념으로 다시금 가까이 가게 되고, 따라서 휴머니즘을 그런 관점으로 되돌리게 될 것이다. 그러나 두 번째가 더 중요한 문제라고 여겨지는데, 이것은 우리가 다른 사람들과 어떻게 다른지를 분명히 드러내기 위해서만 다른 사람들과 관계를 맺는다면, 다른 사람들과의 관계가 어떤 의미에서는 '중요한' 것이 될 수 없다는 사실과 관련이 있다. 다르게 표현하자면, 우리는 그들과 어떻게 다른지, 즉 나의 정체성이 어떻게 유일한지를 알아내고 명확히 하기 위해서만 다른 사람들을 필요로 하게 될 것이다. 그러나 이것이 명확해지고 나면 우리는 더 이상 다른 사람들을 필요로 하지 않게 될 것이기 때문에 다른 사람들과의 관계는 수단적이 될 것이다.

이러한 문제들을 철저히 따져보고 유일성이라는 개념에 접근하는 대안적인 방식을 명확히 하는 데 큰 도움을 받은 철학자는 에마뉘엘 레비나스다. 내가 레비나스의 저작에서 중요하게 생각하는 것은 그가 인간의 유일성에 대한 새로운 이론을 만들어냈다는 것이 아니라 유일성에 대해 다른 질문을 제기했다는 것이다. 그는 개개인을 유일하게 만드는 것이 무엇인지를 묻는 대신에 - 이것은 유일성을 특징과 소유의 측면에서 접근하는 것이다 - 내가 유일하다는 것, 나는 나이고 다른 누구도 아니라는 것이 언제 **중요한 문제가 되는지**를 물음으로써 유일성의 문제에 접근했다. 이 질문에 대한 레비나스의 응답은, 내가 다른 누군가로 대체될 수 없는 상황에서, 즉 아무나가 아니라 **내가** 거기 있는 것이 관건이 되는 상황에서 나의 유일성이 중요한 문제로 된다는 것이다. '차이로서의 유일성'과 '대체 불가능성으로서의 유일성'의 구별을 이해하는 데 유익한 방법은 레비나스의 작품을 영어로 번역한 알폰소 링기스의 짧은 텍스트에서 찾을 수 있다. 이 텍스트의 제목은 『**아무것도 공유하지 않은 자들의 공동체**The community of Those who have Nothing in Common』[32]인데 이와 관련한 링기스의 주장을 간략하게 재구성하면 다음과 같다.

링기스의 주장에 따르면 흔히 '공동체'란 어떤 공통점을 갖는 다수에 의해 구성되는 것으로 이해된다. 링기스는 이런 특정 사례의 공동체를 '합리적 공동체'로 정의했다. 합리적 공동체에서 "개인들의 통찰은 보편적인 범주들로 공식화되며, 따라서 그 범주들은 그 통찰을 처음 공식화한 사람의 '지금 현재 목록here-now index'으로부터 분리된다".[33] 합리적 공동체의 구성원이

---

32 Lingis 1994. 김성균 옮김(2013) 『아무것도 공유하지 않은 자들의 공동체』로 바다출판사에서 출간되었다(옮긴이).

33 Lingis 1994, p. 110. 모든 통찰은 생명력 있는 개개인의 유일성을 반영하는 것인데 이를 보편적인 범주 속으로 집어넣으면 그 생명력을 상실하게 된다는 의미이다. 어쩌면 일반화의 역설이라고도 할 수 있는 것으로, 교육에서도 누군가가(혹은 어느 집단이) 통찰력을 발휘해서 탁월한 문제해결의 대안을 마련하거나 찾아냈을 때 이를 널리 보급하기 위하여 합리적 공동체로부터 인정을 받는 일반화의 범주 속으로 공식화하면 그 생명력을 유지하기 어려운 일이 발생할 수 있다. 어쩌면 진리는 '아무것도 공유하지 않은 자들의

되면 발언권을 얻는다. 그 자격은 구성원으로 하여금 말을 할 수 있게 해주지만, 그것은 **합리적 공동체 구성원의** 자격으로 말하는 것이다. 이는 이런 자격으로 하는 말은 대표적인 목소리라는 것을 뜻한다. 의사, 전기기사, 항공기 조종사 등에게는 그들이 속한 공동체의 합리적 담론 규칙과 원칙에 따라 말을 할 것이 기대된다. 그러나 이는 그들이 말을 할 때 말의 내용만이 중요하다는 것을 의미한다. 반면에 어떤 방식으로 말하는지, 그리고 더 중요한 것이지만, 하는 말(그리고 행동)의 내용이 타당하다면 누가 말하는지는 중요하지 않다. 이것은 결국 우리가 이러한 자격으로 말할 때 자신의 목소리로 말하는 것이 아니라 우리가 대표하는 공동체의 공통된 목소리로 말한다는 것을 의미한다. 그러므로 우리가 이 자격으로 말할 때 우리는 서로 대체될 수 있다. 이것은 결국 우리의 유일성은 가치가 없고 중요하지 않게 된다는 것을 의미한다.

교육은 합리적 공동체의 생산과 재생산에 중요한 역할을 한다. 자격화 및 사회화를 통해 학교와 기타 교육 기관은 학생들에게 목소리를 부여한다. 하지만 이 목소리들은 모두 대표적인 목소리들이다. 이러한 교육 기관들은 학생들이 특정 공동체, 전통, 담론, 관행 등의 대표로서 말할 수 있게 한다. 하지만 만약 그렇다면, 자신의 목소리로 말한다는 것은 어떤 의미가 있을까? 합리적 공동체의 테두리 밖에서 말하는 것은

공동체' 혹은 '타자의 공동체'에서만 본래의 생명력을 유지할 수 있는 것일지도 모를 일이다. 그러나 보편적인 범주로 묶어주지 않으면 그 실체가 사라질 수도 있다. 합리적 공동체와 '아무것도 공유하지 않은 자들의 공동체' 혹은 '타자의 공동체'는 상호배타적 관계가 아니라는 점에서 또 하나의 난점이 존재하는 것 같다(옮긴이).

어떤 의미가 있을까?

이 질문에 응답하기 위해 링기스는 '소통의 한계 사례' 두 가지에 대해, 말하자면 소통의 '종점'에 있는 경우와 '출발점'에 있는 경우에 대해 논의한다. 이는 둘 다, 우리를 대신해 말해 줄 '대본'에 의존할 수 없는 상황의 사례이다. 첫 번째는 우리가 임종을 앞둔 사람과 함께 하는 상황이다. 이런 상황에서는 옳은 말을 찾기가 매우 어렵다. 무슨 말을 하더라도 어떤 의미에서 그것은 공허하거나 심지어 터무니없게 들린다. 이러한 상황에서 대화의 요점은 근본적으로 무슨 말을 하느냐 하는 데 있지 않다. 여기서 가장 중요한 것은 당신이 무언가를 말한다는 것, 더 중요한 것은 다른 사람이 아니라 **당신**이 말을 한다는 것이다. 이 상황은 당신이 거기에 있기를 호소하는 것이며, 이 상황에서 당신이 해서는 안 되는 것은 바로 그 자리를 그냥 떠나서 당신을 대신할 다른 사람을 들여보내는 것이다. 말하자면 당신은 '선택'된 것이다. 그러므로 대표적인 목소리가 아닌 자신만의 유일한 목소리로 응답하고, 유일한 응답을 생각해내고, 말을 하는 것은 당신이 할 일이다. 링기스가 제시한 두 번째 사례에서도 마찬가지다. 이것은 자녀와 어머니 사이에 공유된 언어가 생겨나기 직전에 어린 자녀와 의사소통하려는 어머니의 사례다. 여기서 어머니는 합리적 공동체에서 차용한 대표적인 목소리로 아이에게 말을 할 수 없다. 아이는 아직 이 공동체에 들어가지 않았기 때문이다. 그러므로 이 상황에서 요구되는 것은 어머니가 상황의 특이성에 주의를 기울이고 자신만의 독특한 방식으로 반응하는 것이다. 그렇다면 "이 종점과 출발의 상황에서" 말을 하는 것은 무엇인가.[34] 링기스에 따르면[35] 그것은 "합리적 마음으로서의 자아, 즉 보편적 이성을 대표하는 자아가 아니라 한 사람의 인간으로서 중요한 누군가"이다.[36]

링기스의 논의를 통해 우리가 하는 말의 상당 부분은 사회와 문화, 직업 등이 제공하는 **대표적인 목소리**로 구성되어 있음을 알 수 있다. 이러한 말하기 방식이 중요하지 않은 것은 아니지만, 링기스가 말하고자 하는 요점은 **이러한 말하기 방식으로는 결코 유일성에 다다를 수 없다**는 것이다. 대표적인 목소리가 하는 것은 **상호 대체 가능한 사회적 역할** 수준에서의 말하기일 뿐이다. **우리 자신의 목소리로 말할 수 있는 기회가 생기는 것은 합리적인 공동체를 벗어날 때, 즉 공동체성이 구성하는 공동체를 벗어날 때이다.** 이 경우 우리는 더 이상 공통점이 있는 공동체 안에 있지 않고 아무것도 공유하지 않은 자들의 공동체의 일부로 존재하게 된다. 그리고 우리의 유일하고 독특한 목소리를 필요로 하는 것은 바로 이러한 상황이다. 링기스의 사례에서 알 수 있듯이 이러한 목소리는 말하기 방식이 아니라 무엇보다 응답의 방식, 말하자면 어떤 의미에서는 우리가 처한 상황

---

34 Lingis 1994, p. 117.

35 Ibid.

36 교육의 상황에서는 합리적 공동체의 대표로서의 목소리가 지니는 한계가 자주 드러난다. 동일한 교육과정을 운영하더라도 누가, 어떤 교사가 실행하느냐에 따라 학생들을 통해서 실현되는 교육적 의미는 달라진다. 물론 동일한 교사의 교육 활동도 학습자에 따라 제각기 다른 의미를 창출할 수 있다. 동일한 내용을 전달한다고 해서 동일한 교육적 의미가 만들어지는 것은 아니다. 로봇과 AI로 대표되는 4차 산업혁명의 물결을 교육에서도 외면할 수는 없지만 교육에는 인간과 인간의 만남 – 반복과 대체가 불가능한 유일성의 만남 – 에서 이루어지는 영역이 필연적으로 남아 있음을 무시하기 어렵다는 사실을 링기스의 논의는 일깨워주고 있다(옮긴이).

이 '요구'하는 책임을 떠맡는 방식, 레비나스 식으로 말하면 '타자의 얼굴'이 요구하는 방식으로 이루어진다. 다른 누군가가 우리 대신 이 책임을 떠맡을 수 있는 방법은 없다. **우리가 임종을 앞둔 사람과 함께 있으면서 할 말을 잃은 경우, 해결책은 전문가를 불러 대신 말을 하도록 하는 것이 아니다. 유일한 '해결책'은 그 상황을 그냥 지키는 것이다.** 그리고 우리가 아이와 함께 있고 합리적 공동체가 구성한 어떤 소통 수단도 아직 존재하지 않을 때 우리를 대신할 수 있는 전문가는 세상에 없다. 이때 우리는 마찬가지로 자신만의 독특한 방식으로 대응해야 한다. 그러므로 링기스는 유일성이 우리로서는 피할 수 없는 책임에 의해(혹은 무책임의 대가를 감수하고서만) 구성되는 방식을 보여주고 있다. 이것이 바로 레비나스가 책임은 "본질적이고 1차적이며 근본적인 주체성의 구조"라고 표현했을 때 염두에 두었던 것이다.[37] 이러한 상황에서 우리의 유일성은 중요한 것이 되며, 따라서 이전도 이후도 아닌, 바로 이러한 상황에서만 우리는 보다 포괄적인 질서의 표본이 아니라 유일하고 독특한 주체로 구성되었다고 말할 수 있다.

유일성에 대한 이러한 설명에 마지막 요점을 덧붙인다면, 합리적 공동체와 '타자'의 공동체, 즉 아무것도 공유하지 않은 자들의 공동체는 두 개의 다른 공동체로 이해되어서는 안 되며, 우리가 선택할 수 있는 두 가지 옵션으로 이해해서는 더욱 안 된다. 어떤 종류의 공동체를 원하는지 먼저 결정한 다음 그것을 건설할 수 있는 것이 아니란 뜻

---

37 Levinas 1985, p. 95.

이다. 여기에는 두 가지 이유가 있다. **첫 번째**는 합리적 공동체 없이는 할 수 있는 것이 없다는 사실이다. 합리적 공동체는 우리를 위해 중요한 일을 하고 우리는 그러한 공동체를 건설하고 재건하는 데 중요한 역할을 한다. 그리고 앞에서 밝혔듯이, 교육은 여기에 중요한 역할을 한다. 두 번째 이유는 어떤 의미에서든 '타자'의 공동체는 의도적으로 만들어낼 수 있는 것이 아니기 때문이다. 타자의 공동체는 어쩌다가sporadically 존재하는 것이다. 즉 우리가 타자에 노출되는 순간에, 말하자면 '불가피한 상황 imperative'에 노출되는 순간에 존재한다.[38] 그러한 상황에 자신을 노출시키는 것은 타자에 대한 지식으로 나오는 것이 아니며, 타자에 대한 지식과 그에 따라 타자에 대해 책임을 지겠다는 후속 결정에 바탕을 두고 있는 것이 아니다. **타자의 공동체는 합리적 공동체와 구별되는 다른 일련의 관계로서, 즉 "다른 사람들과 함께하는" 다른 양상으로서, 합리적인 공동체의 일이 중단될 때 어쩌다 존재할 뿐이다.** 타자의 공동체는 "때때로 생겨나며 합리적 공동체의 대역으로 또는 공동체의 그림자로서 합리적인 공동체를 교란한다".[39] 그것은 합리적 공동체의 '내부'에 지속적인 가능성으로 존재하고 있지만 필연적인 가능성으로 존재하는 것은 아니다. 결국, 모든 사람이 책임을 지거나 책임 있게 행동해야 한다고 말한다면 '타자'의 공동체를 합리적 공동체로 전환하는 셈이다.

---

38 Lingis 1994, p. 111.

39 Ibid., p. 10.

멈춤의 교육에는 어떤 문제의식이 있는가?

링기스와 레비나스의 논의는 유일성을 다르게 이해하도록, 말하자면 유일성을 우리의 존재being가 아니라 실존existence[40]과 관련된 것으로 이해하도록 하는 데 도움을 줄 수 있지만 그들의 견해가 모종의 교육 프로그램으로 연결되지는 않는다. 말하자면 그들의 견해는 유일한 개인을 기르는 데 어떤 지침을 주지는 않는다. 왜냐하면 **유일성은 만들어질 수 있는 것이 아니기 때문이다.** 유일성은 특정한 교육적 개입이나 특정 교수법에 의해 보장될 수 있는 성과가 아니다. 그러나 유일성을 만들어낼 수는 없지만, 유일성이 나타나지 않도록 하는 일, 유일성이 나타날 기회가 없도록 하는 일은 오히려 쉽다. 유일성의 출현을 가로막는 이런 일은 학생들의 타자성 및 차이와의 만남, 말하자면 그들의 '표준적인' 존재 방식을 중단시키는 만남, 그리고 호응과 책임감 있는 반응을 불러일으킬 수 있는 만남을 방해할 때 발생할 것이다. 다시 말하면 이런 일은 학생들에게 영향을 미치고 그들을 괴롭히고 표준적인 존재 방식을 중단시키는 일로부터 그들이 무감각해지도록 할 때 일어난다.[41, 42]

---

40 일반적으로 '존재'는 인간을 추상적으로 바라보는 개념이라면 '실존'은 살아 숨 쉬는 구체적 인간으로 보는 개념이라고 할 수 있다. 교사가 어느 학생을 바라볼 때 단지 여러 학습자 중의 하나로만 여기는 것은 존재의 차원에서 보는 것이고, 이 세상 어디에도 없는 유일한 사람으로 보는 것은 실존의 차원에서 보는 것이라고 할 수 있다. 그래서 저자는 실존을 '유일성'의 개념과 연결하고 있다(옮긴이).

41 Masschelein과 Simon 2004 참조

42 이 저작의 원제목 『Good Education in an Age of Measurement』에서 이와 관련한 저자의 의도를 엿볼 수 있다. 측정 혹은 표준화 교육은 '유일성이 나타나지 않도록 하는' 대표적인

우리가 교육의 책임을 유일한 개별 존재들이 주체로 출현하는 것에 대한 책임으로 본다면(이 장에서 나는 교육적 책임을 이런 식으로 표현하는 것이 왜 중요한지를 밝히고자 했다), 이 책임은 무엇보다도 '새로 오는 자들'이 주체로 출현할 수 있는 공간과 장소라는 특정 현실 세계의 특성에 관한 것이다. 아렌트의 사유에서 그것은 인간의 행위와 자유의 조건인 복수성에 대한 책임이다. 우리가 이 복수성을 차단하고 세상을 합리적 공동체 혹은 합리적 공동체의 집합체로 만든다고 할 때에도 여전히 '새로 오는 자들'이 목소리를 낼 수 있는 방법들이 있을 수는 있겠지만 그 목소리들은 모두 표준적인 것일 뿐 이들 중 어느 것에도 유일한 목소리는 없을 것이라 여겨진다. 따라서 **멈춤의 교육은 '표준적인' 질서의 중지 가능성을 열어 두는 것을 목표로 하는 교육이다.** 그것은 무엇보다도 중단의 가능성에 중점을 두는 교육이며, 아마 스스로 중단을 선택하는 교육일 것이다.[43] 따라서 **멈춤의 교육에 어울리는 자리는 자격화나 사회화가 아닌 주체화의 영역이다.** 물론 자격화나 사회화의 영역을 '통해서도' 멈춤의 교육이 작동할 수는 있다. 멈춤의 교육은 '강력한' 교육이 아니다. 어떤 의미

사례라 할 것이다. '유일성'은 '정상적인' 혹은 '표준화된' 질서 바깥에서만 실현되기 때문이다. 그러나 저자가 '정상적인' 혹은 '표준화된' 질서를 거부하는 것으로 해석하는 것은 저자의 의도를 오해하는 것이다. 유일성은 의도적으로 실현할 수 있는 가치가 아니라 '정상적인' 혹은 '표준화된' 질서를 강요하지 않을 때 '어쩌다' 일어난다는 것이 저자의 생각이다. 이와 관련하여 저자는 '강한strong' 교육이 아니라 '약한weak' 교육을 옹호하는 입장을 취한다. 저자는 또 다른 저작에서 '약한' 교육의 정당성을 체계적으로 논의하고 있다. Biesta, G. J. J.(2013). *The Beautiful Risk of Education*. Paradigm Publishers. London. 참조(옮긴이)

43   Biesta 2006a, 5장 참조

에서 그것은 '성과'를 보장할 수 있는 교육이 아니다. 오히려 주체화의 문제에 있어서 교육의 근본적인 **연약함**weakness을 인정하는 교육이다. 인간의 주체성이 어떤 식으로든 교육적으로 만들어질 수 있다는 생각을 포기할 때만 유일성이 세상에 출현할 공간이 열릴 수 있기 때문에 교육의 존재론적 연약성은 동시에 교육의 실존적 강점이 된다. 이것이 멈춤의 교육이 갖는 문제의식이다.

05
—

듀이 이후의
민주주의와 교육

05
듀이 이후의 민주주의와 교육

이 장과 다음 장에서는 좋은 교육에 대한 논의를 민주주의와 어떻게 연결시킬 수 있는가 하는 질문에 초점을 맞추고 있다. 이 장에서의 논의 기준점은 위르겐 오엘커스Jürgen Oelkers의 에세이 *Democracy and Education: About the Future of a Problem*(민주주의와 교육: 문제의 미래에 대하여)[1]이다. 이 에세이에서 오엘커스는 민주사회에서 교육의 역할에 관심이 있는 사람들에게 흥미롭고 중요한 도전 과제를 제시하고 있다. 그의 표현을 빌리면 이 도전은 듀이 **이후의** '민주주의 교육 이론'을 체계화하는 것이다.[2] 오엘커스는 민주주의와 교육의 관계에 대한 듀이의 견해와 관계있는 몇 가지 문제를 추려낸다. 그러나 주요 쟁점은 민주주의를 주로 또는 전적으로 정부의 한 형태로만 볼 것이 아니라 삶의 형식,

---

1   Oelkers 2000.
2   Ibid., p. 3.

즉 관련된 삶의 양식 혹은 상호 연결된 경험의 한 양식으로 보아야 한다는 듀이의 주장에 있는 것 같다.[3] 듀이는 이러한 주장의 연장선에서 학교와 사회는 민주적으로 조직될 수 있기 때문에 둘 사이에 질적인 차이가 없어야 한다고 본다. 그 차이는 단지 규모가 다르다는 것뿐이므로 듀이는 학교를 '배아로서의 사회embryonic society'로 본다. 이에 반해서 오엘커스는 학교는 사회가 아니며 사회 또한 학교가 아님을 강조하면서 민주주의와 교육 간의 거리를 더 확대하고자 한다. 그렇다면 문제는 민주주의 교육이 어떻게 "민주주의의 원리를 구현"하면서 동시에 교육의 요건을 충족시킬 수 있는가 하는 것이다.[4] 이 장에서는 이러한 도전에 대응하고자 한다.

돌이켜보는 〈민주주의와 교육〉

오엘커스는 민주주의를 단지 **삶의 형식**으로 정의할 수 없으며 교육 또한 단순히 민주주의와의 상호관계로 파악할 수 없다고 주장한다.[5] 그는 민주주의와 교육을 간단히 서로 연결시킬 수 없는 질적으로 다른 영역으로 본다. 민주주의는 "**정치적으로** 통제되는 변화의 과정이자 **사회적으로** 참여하는 교류"[6]로서 학교의 범위 내에서 가능한 것을 초월하는

---

3   Dewey 1985[1916], p. 93.
4   Oelkers 2000, p. 15.
5   Ibid., p. 5.

형태의 상호작용과 의사소통을 필요로 한다. 오엘커스는 민주적인 교류와 의사결정이 학습을 수반한다는 점을 부정하지는 않지만, 그러한 '끊임없는' 학습의 과정은 학교에서의 학습과 동일하지 않다. 따라서 그는 "교육을 사회적 경험이나 실험 학습으로 환원하는 견해는 유지될 수 없다"고 결론지었다. 왜냐하면 "교육의 핵심적인 측면은 주제 관련 학습으로, 이는 제3자의 지식과 능력이 자신의 경험으로 번역되어 표준적인 것이 개별화되는 것을 의미하기 때문"이라는 것이다.[7] 그렇다고 이런 학습이 민주주의와 무관하다는 것은 아니고, 다만 민주적 의사소통, 집단적 의사결정과 관련하여 진행되는 학습과는 다르다는 점을 말하고 있는 것이다. 따라서 오엘커스는 기본적으로 학교를 '배아로서의 사회'라고 본 듀이의 개념을 받아들이지 않는다.[8] 말하자면 학교는 사회가 아니고 학교 또한 사회가 아니라는 것이다.

이러한 논의는 민주주의와 교육을 연결하는 듀이의 특정 방식을 무력화시킬 수도 있지만, 민주주의와 교육을 연결하는 것이 정확히 무엇을 의미하는지에 대한 질문은 여전히 풀리지 않은 채로 남아 있다.[9] 오엘커스에 따르면 학교와 사회의 사이에는 '오로지 하나의' 관계, 즉 '작은 것과 큰 것'의 관계만이 있을 뿐이라는 듀이의 관점을 넘어서는 '미래를 위한 이론적 도전'이 필요하다.[10] 보다 정확하게 말해서 학교는

---

6   Ibid.

7   Ibid., pp. 15-16.

8   Ibid., p. 16.

9   Ibid., p. 5.

10 Ibid., p. 16.

사회가 아니고 사회 역시 학교가 아니라는 것이 인정된다면, 민주주의 교육이 어떻게 "민주주의의 원칙들을 구현"하면서 동시에 "교육의 요건들을 충족시킬 것인가" 하는 문제가 해명되어야 하는 것이다.[11] 이 질문의 배후에 있는 어려움을 설명하기 위해 오엘커스는 1930년대 시카고 대학교의 5대 총장(1929~1945)인 메이나드 허친스Maynard Hutchins의 견해에 대해 논의한다. 허친스는 1930년대에 학생들이 미래의 시민으로서의 역할에 대비하는 인문주의적 대학 커리큘럼을 주장했다.[12] 오엘커스는 이 커리큘럼이 효과를 발휘하려면 이를 협상할 수 없는 것, 즉 수정할 수 없는 것, 더 중요한 것으로 **민주적** 수정이 불가능한 것으로 이해해야 한다는 허친스의 주장에 주목한다.[13] 핵심은 **민주적인 논쟁과 협상을 위해 커리큘럼이 개방되는 순간 커리큘럼은 "파편화된 개개인의 이해관계로 해체될 것"**이라는 점이다. 이렇게 커리큘럼이 개방되는 상황에서는 "모든 사람들이 자신이 필요로 하는 교육을 선택하겠지만 그렇게 되면 **교육받은** 사람이 되지 않을 것이며 … 교육이 실제 요구하는 표준에 결코 이르지 못할 것이다."[14]

커리큘럼의 교육적 가치가 제공되는 지식의 내재적 질에 있다고 가정한다면 허친스의 주장은 타당할 수도 있다. 이러한 견해는 특정 형태의 자유교육에서 핵심적인 역할을 해 왔다.[15] 그러나 커리큘럼에 대해

---

11 Ibid., p. 15.
12 Ibid., p. 13.
13 Ibid.
14 Ibid.
15 Biesta 2002.

정치적 렌즈로 보면 이러한 주장은 더 이상 유지되기가 훨씬 어려워진다.[16] 오엘커스가 인정했듯이 주어진 커리큘럼은 항상 특정한 이해관계의 표현이다. 이는 주어진 커리큘럼에서 어떤 사람들의 이해관계는 항상 다른 사람들의 이해관계보다 더 잘 충족된다는 것을 의미한다. "다문화적이고 개방적이며 빠르게 해체되는 사회"[17]에서는 이러한 현상이 점점 더 가시화되고 있을 뿐만 아니라 다양한 집단이 커리큘럼에 대해 자신들의 몫, 즉 자신들의 이해관계와 관점을 내세울 가능성 또한 훨씬 더 커진다. 그러나 이는 바로 민주주의 교육의 문제가 발생하는 지점이다. 왜냐하면 교육을 전적으로 특정한 이해관계에 맡겨버렸을 때 그런 교육이 변함없이 민주적인 대의명분에 기여할 것이라는 보장이 없기 때문이다. 그래서 오엘커스는, 민주주의 교육 문제의 미래는 "민주사회에 있어서 **일반**교육의 발전 전망"과 관련이 있다고 주장한다.[18] 또한 그는 이 문제에 대한 듀이의 답변에는 두 가지 점에서 설득력이 없었거나 이제는 더 이상 설득력이 없다고 생각한다. 첫째, 듀이의 주장은 학교교육에 민주주의를 끌어들임으로써 발생할 교육적 문제들을 인식하지 못하는 것 같기 때문이다. 둘째, "그의 주장은 미디어 사회나 특정한 해방의 형태에도 적합하지 않으며, 다양한 문화나 광범위하고 가벼운 분야의 토론에도, 그리고 자신감 넘치는 개성이나 자신이 필요하다고 생각하는 교육을 받기 위해 학습하는 고객의 상황에도

---

16 예: Apple 1979 참조
17 Oelkers 2000, p. 14.
18 Ibid., p. 5.

부합하지 않기 때문이다."[19]

일반교육의 발전, 혹은 일반교육을 위한 프레임의 발전에 대한 오엘커스의 요구와 관련하여 그가 염두에 둔 것은 편중되지 않은non-particularistic 교육, 즉 민주주의 사회의 특징인 복수성의 틀 안에서 다른 모든 가능한 관점과 입장을 배제하고 특정 견해만을 내세우지 않는 교육이다. 다시 말하면 그가 추구하는 것은 단지 특정한 '질서'(사회적 질서든, 정치적, 종교적 또는 인지적 질서든)로의 사회화가 아닌 유형의 교육이다. 오엘커스가 (학교)교육의 과제를 교과 관련 학습으로 규정한다는 점에서 자격화의 측면에서 (학교)교육에 접근하는 것처럼 보이는 것은 어떤 면에서 흥미롭기는 하지만 위의 논의는 그가 주체화의 여지가 있는 교육을 추구하고 있음을 시사하고 있는 것으로 보인다. 나는 그의 주장을 교육의 주체화 차원을 부정하는 것으로 보기보다는 (학교)교육에서의 자격화와 주체화의 관계에 대한 질문으로 해석하고자 한다. 이 장에서는 이 관계를 보다 구체적으로 탐색고자 한다.

민주주의와 교육 및 공적 영역

민주주의와 교육의 관계에 관한 오엘커스의 논의는 특정 차원의 문제, 보다 구체적으로 말하면 공교육에 대한 민주적 요구의 문제에 초점

———

19 Ibid., p. 12.

을 맞추고 있다. 그는 이러한 요구에 교육을 개방한다면 교육은 더 이상 나름의 고유한 기능을 수행할 수 없을 것이라는 점을 우려하는데 교육에 대한 민주적 요구라는 이슈는 이러한 우려의 근간이 되고 있다 (물론 학교 교육 특유의 고유한 기능이 실제로 무엇인지에 대해서는 더 많은 논의가 있어야 할 것이다. 아래 참조). 그런데 그는 공교육이 스스로의 존립을 정당화하기 위해서는 점점 더 '고객'에 부응해야 한다고 가정하고 있다는 점에서 이는 민주주의 교육 문제의 미래에 있어서도 중요한 이슈가 된다. 오엘커스는 계약이론을 통해, 보다 구체적으로는 공교육의 내용과 목적에 관한 세대 간 (암묵적) 계약의 실체라는 개념을 통해, 공교육의 정당성 문제에 접근하고 있다.[20] 이를 바탕으로 그는 학교가 '피드백 오리엔테이션'을 채택하는 일이 중요하다는 점을 강조한다. 그는 "학교가 **고객**으로부터 배우지 않으면 세대 간 계약의 요구 사항을 충족시킬 수 없을 것"이라고 하면서 "공교육은 효율성에 대한 민주적인 질문을 점점 더 많이 감당해야 할 것"이라고 결론지었다.[21]

공교육을 정당화하는 것은 물론 민주사회에서 가장 중요한 문제의 하나이다. 여기서 제기되어야 하는 문제는, 오엘커스가 주장하듯이 고객의 요구를 민주적 요구와 쉽게 동일시할 수 있느냐 하는 것이다. 3장에서 주장한 바와 같이, 고객의 요구와 민주적 요구 사이의 주요 차이점 중 하나는, 전자가 사적인 욕구를 충족시키려는 기대로 인해 동기부여되는 반면, 후자는 집합재collective goods 혹은 공공재public goods의 취득

---

20 Ibid., p. 15.

21 Ibid.

을 추구하는 것인데, 이는 정의상 개인의 욕구를 넘어선 것이며 때로는 그것에 반하는 것일 수도 있다. 이것은 사적인 욕구가 종종 민주적인 용어로, 대개는 권리 언어의 형태로 제시되는 것을 부인하는 것이 아니다. 가령, 어떤 집단은 자신들의 세계관을 커리큘럼에 반영할 민주적 권리를 주장하거나 반대로 공교육에 노출되지 않을 민주적 권리를 요구하기도 한다. 그러나 대단히 중요한 것은, 이러한 권리에 대한 주장이 공동선의 추구가 아니라 **개인의** 이익(개별 집단의 이익을 포함하여)과 민주주의에 대한 추상적인 대의명분에 근거를 둔다는 점이다.

이것은 민주적 요구가 교육에 미치는 영향을 이해하는 데는 적어도 두 가지 방식이 있음을 시사한다. 오엘커스는 이러한 요구가 분파적이고 단편적인 커리큘럼으로 이어질 것이라고 주장하는 것 같다. 그래서 그는 지나치게 많은 민주적 간섭으로부터 교육을 보호하고자 하는 것이다. 그의 설명에 따르면 "타당한 이유가 없는 한 학교가 과도한 감독의 압박을 받도록 하는 것에 찬성하는 맹목적인 주장은 없다". 왜냐하면 "학교는 **자율적으로 운영할 때** 사실 가장 잘 작동하기 때문이다".[22] 그런데 민주적 요구를 분파적인 것으로 다룬다면, 즉 이러한 요구 하나하나가 원칙적으로 모두 정당하고, 따라서 이를 충족시켜야 하는 것이 민주주의라고 생각한다면, 민주적 요구는 단지 분파적인 커리큘럼을 초래할 뿐이다. 그러나 이와 관련된 이론적 근거와 실제적-역사적 근거에 따르면 이것은 민주적 요구에 접근하는 여러 방식 가운데 하나일 뿐이다.

---

22 Ibid.

먼저 이론적인 측면부터 살펴보자. 소비자 요구와 민주적 요구를 구분하는 것은 민주적 의사결정의 두 가지 모델인 선호집계 모델aggre-gative model과 숙의 모델deliberative model을 구분하는 것과 대응된다.[23] 첫 번째 모델에서는 민주주의를, 개인의 선호도를 집계하는 과정으로 본다. 이 접근법의 핵심 가정은 개인의 선호란 주어진 것이고, 또 응당 그래야 하는 것으로 받아들이며, 항상 그런 것은 아니지만 정치는 흔히 다수결의 원칙에 근거하여 선호도를 집계하는 것에만 관련되어 있다는 것이다. 이러한 선호의 출처가 어디인지, 타당하고 가치가 있는지, 그리고 내세우는 근거가 이기적인지 이타적인지 등은 관련이 없는 질문으로 간주된다. 따라서 선호집계 모델에서는 "목적과 가치는 주관적, 합리외적인 것이고 정치적 과정의 외부에 존재하는 것"이며 민주정치는 기본적으로 "이익과 선호를 둘러싼 개인 간의 경쟁"이라고 가정한다.[24]

지난 20년 동안 민주주의는 단순한 선호도 집계에 국한되어서는 안 되며 숙의 과정을 통해 이러한 선호도가 변형되는 것을 포함해야 한다고 주장하는 정치 이론가들이 점점 더 많아졌다(6장 참조). 이 모델에 따르면 민주적 의사결정이란 집합적 행위의 수단과 목적 모두에 관해 참가자들이 벌이는 논쟁에 의한 결정을 수반하는 것으로 간주된다.[25] 그러므로 숙의 민주주의는 "어떤 선호가 가장 많은 사람의 지지를 받는지"가 아니라, 어떤 제안이 집단으로부터 최선의 이유로 지지를 받

23 Young 2000, pp. 18-26; Elster 1998, p. 6.
24 Ibid., p. 22.
25 Elster 1998, p. 8.

는지를 결정하는 것이다.[26] 따라서 숙의 모델에 따른 접근에서는 개인의 욕구wants를 집단의 필요needs[27]로 전환시키는 것이 중요하다는 점을 지적한다.

숙의 민주주의의 개념은 정치 이론에서 비교적 새로운 것이지만, 정치적 힘과 신뢰를 얻으려면 개인의 욕구가 집단적 필요로 변형되어야 한다는 생각은 상당히 오래되었으며, 이는 공적 영역이라는 개념과 불가분의 관계가 있다. 데이비드 마퀀드David Marquand는 자신의 저서 Decline of the Public(공공의 쇠퇴)[28]에서 공적 영역을 "인접한 시장과 사적 영역으로부터 보호되는 공간으로 정의하고 있는데, 이 공간에서는 서로 낯모르는 사람들이 사회의 공동생활에서 동등한 파트너로서 서로 조우한다."[29] 그는 공적 영역을 사회생활의 한 섹터로 보지 말고 별개의 차원으로 보아야 한다고 강조한다. 그것은 자체 규범과 의사결정 규칙, 그리고 공공 기관만이 아니라 민간인, 민간 자선단체, 심지어 민간 기업이 수행할 수 있는 일련의 활동을 갖춘 하나의 독립된 차원이다. 그것은 원칙적으로 사적 이익과 구별되는 공익의 개념과 '공생하는 관계로 연결되어 있으며' 시민권과 형평성 그리고 봉사의 가치가 그 중심에 있다. 그 안에서 재화는 개인적 유대관계나 경제적 자원에 대한 접근성

---

26 Young 2000, p. 23.

27 일반적으로 'needs'는 없으면 생존에 어려움을 겪는 것이고, 'wants'는 없어도 생존에 위협을 받지는 않지만 어떤 이유로 인해 추가적으로 충족되기를 원하는 것이라고 구분하여 정의한다(옮긴이).

28 Marquand 2004.

29 Ibid., p. 27.

이 아니라 필요에 따라 분배된다. 공적 영역은 '사랑, 우정, 인맥'이라는 사적 영역, 그리고 '매매' 및 '이익과 인센티브'라는 시장 영역과 다를 뿐 아니라[30] 이 두 영역과는 별도로 분리되어 있다.

마퀀드는 공적 영역의 핵심적 기능이 공익을 정의하고 공공재를 생산하는 것임을 분명히 한다. 그것은 시민들이 "투쟁, 논쟁, 토론 및 협상에 의해" 공익이 무엇인지를 집합적으로 정의하는 영역이다.[31] 이는 "공적 영역을 유지하고 역으로 공적 영역에 의해 유지되는 가치"[32]가 개인적 이익이 아니라 공동의 이익이라는 가치임을 시사한다. 공공의 이익이 때로는 개인의 직접적인 이익에 어긋날 수 있다는 점을 감안할 때 시민권의 또 다른 이름이라 할 수 있는 공적 영역에 대한 참여와 헌신은 '특정의 규율'과 '특정의 자제력'을 의미한다.[33] 마퀀드는 이러한 참여와 헌신이 저절로 이루어지는 것이 아니라 '배움을 통해서 때로는 고통스럽게' 내면화되어야 하는 것임을 강조한다. 그래서 그는 현실 사회에서 이러한 가치들을 구현하기 위해서는 그야말로 "문화적, 이데올로기적 혁명"이 필요하다고 주장한다.[34] 영국에서 이 혁명은 원래 '빅토리아 시대의 업적'이지만, 광범위하게 성취된 것은 20세기에 이르러서이다.[35]

이러한 분석은 교육에 대한 민주적 요구의 문제에 다르게 접근할

---

30 Ibid., p. 4.
31 Ibid., p. 33.
32 Ibid., p. 57.
33 Ibid.
34 Ibid.
35 Ibid., p. 41.

수 있음을 의미한다. 즉 이러한 요구들을 받아들이게 되면 분파적이고 단편적인 교육과정으로, 다시 말해 모든 사람들을 만족시키려 하지만 실제로는 아무도 만족시키지 못하는 교육의 시도로 끝날 것이라는 가정 대신에, 민주적 요구들은 분파적인 요구들을 한데 모은 것이 아니라 항상 번역된 요구들, 즉 '사적인 문제들'을 '집합적 이슈들'로 번역된 결과로서의 요구들이라는 가정에서 출발해야 한다.[36] 요컨대 민주적 요구는 집단적 숙의의 결과이며 공동선을 지향한다. 그렇다고 이러한 요구가 모든 것을 포용하는 교육으로 귀결될 것이라고 주장하는 것은 아니다. 샹탈 무페Chantal Mouffe의 표현을 빌린다면, 모든 민주적인 '정착지'에는 항상 거기에 포함되지 않은 외부의 요소들이 있기 때문이다.[37] 그러나 민주적 과정을 거친 결과로서의 배제와 특정 관점의 헤게모니에 의한 결과로서의 배제 사이에는 중요한 차이가 있다. 민주적 과정을 거친 배제는 원칙적으로 정당화될 수 있고, 더 중요한 것으로 항상 민주주의라는 이름으로 도전받을 수 있고 재협상될 수 있기 때문이다.

공적 영역은 소멸했는가?

그러나 우리는 이론적으로 가능한 것이 무엇인지 눈여겨봐야 하겠지만 실제로 성취할 수 있는 것이 무엇인지도 물어야 한다. 그렇기 때

---

36 Mills 1959.

37 Mouffe 2000 참조

문에 사적 이익과 공동선을 명확히 구별하고 그 차이점을 인지하는 게 왜 점점 더 어려워졌는지에 대해 질문을 제기해야 한다(3장 참조). 이 질문에 대한 답은 두 갈래다. 수사의 차원rhetorical level에서 우리는 현재 많은 사람들이 공동선과 같은 것의 존재를 단호히 부정하는 시대에 살고 있다. 마거릿 대처Margaret Thatcher가 말한 바, "사회라는 것은 존재하지 않는다"라는 유명한 언명은 바로 '사회'란 객관적이고 독립적으로 존재하는 것이 아니라 개인의 필요를 충족시키기 위해 시장이란 조건에서 살아가는 개인들의 합으로만 존재하는 것이라는 사실을 주장하기 위한 것이다. 이러한 신자유주의 시나리오에서 국가는 더 이상 공동선을 대표하지 않는다. 국가는 단지 시장에서 제공하는 것에 대한 규제자, 품질 관리자 및 검사자가 되었다.

사적 이익과 공적 이익을 구별하는 데 어려움을 겪는 것은 수사의 차원만이 아니라(물론 수사의 힘을 과소평가해서는 안 되지만) 많은 현대 사회에서 일어난 **실질적인 변화**와도 관련이 있다. 여기서 중요한 점은 공동의 이익이 난데없이 생기는 것이 아니고 '사적인 문제'를 '공적인 이슈'로 전환하여야 만들어진다는 것이다. 이렇게 보면 우리는 더 이상 공익과 공동선에 대한 개념을 가지고 있지 않은 것 같다. 뿐만 아니라 많은 논평가들은 우리가 더 이상 그러한 전환을 가능하게 하는 관행과 제도 또한 갖고 있지 않다고 주장한다.[38] 우리에게는 더 이상 **공적인 영역**이 남아 있지 않다고 여겨진다.

---

38 예: Bauman 2000; Marquand 2004; Biesta 2005b 참조

공적 영역이 사적 영역과 시장 영역에서 밀려난 방식을 생각해 볼 때, 지난 수십 년 동안 공적 영역의 쇠퇴가 사적 영역과 시장 영역 모두로부터 습격당한 결과라는 것은 놀라운 일이 아니다. 마퀀드는 공적 영역의 쇠퇴에 대한 분석에서 '사적인 것의 복수'[39]와 관련하여, 즉 '진정성과 순수성'이라는 이름으로 이루어지는 "힘들고 까다롭고, '부자연스럽고' 엄격한 공적 의무와 공적 참여"에 대한 반발과 관련하여 중요한 점을 많이 언급했으며, 특히 "사적 자아는 절대적이고 보편적이어야 한다"[40]는 사상으로 이해되는 정체성의 정치가 어떻게 모든 형태의 숙의 정치를 '사실상 불가능'하게 만들었는지를 보여주고 있다.[41] 그러나 그는 분석의 주요 초점을 시장 영역의 논리가 공적 영역을 식민지화하고 잠식한 방식에 두고 있는데, 이 시장 영역의 논리는 한편에서는 직접적으로 공적 영역을 잠식했고, 다른 한편에서는 1970년대 중반 이후 영국의 보수당 정부가 이 논리를 채택함으로써 공적 영역을 잠식했다. 마퀀드에게 있어서 이것은 단지 시장이 공적 영역과 사적 영역에 침투한 과정을 가리키는 것만이 아니다. 그것은 개인의 이익과 효용의 극대화라는 신자유주의 가치가 20세기의 마지막 25년 동안 영국 정부 및 현대의 많은 신자유주의 정부의 핵심 가치가 된 과정이기도 하다.

이러한 분석은 경험적 연구의 결과와도 부합하는 것으로 보인다. 2000년과 2001년에 실시된 영국의 민주주의와 시민권의 현주소에 대

---

39 Marquand 2004, p. 79.
40 Ibid., p. 80.
41 Ibid., p. 82.

한 대규모 조사[42]인 **시민권 감사**Citizenship Audit의 주요 결과에 따르면 시민권이 점점 개인주의적인 일이 되어가고 있다. 전반적인 정치 참여 수준은 변하지 않았지만 참여의 성격은 집단행동을 통해 표현되기보다는 점점 개인주의적으로 변했다. 그 연구에서는 참여 방식의 변화만을 보여주고 있는 것이 아니라, 공적 영역에서 운영되는 조직이 여전히 존재하고 있지만 이러한 조직은 공동선의 구축보다는 단일 이슈(이익 집단)에 대해 관심을 기울이는 일이 점점 더 많아지고 있음을 분명히 보여주고 있다. 시민권 감사가 원자화된 시민의 부상rise을 이야기하는 것은 이 때문이다.

정책 입안자들은 공적 영역이 쇠퇴한 주요 원인으로 원자화된 시민의 부상을 꼽는 경향이 있다. 그래서 많은 개입 전략, 특히 젊은 사람들을 겨냥한 교육 전략에서는 집단적인 의사결정에 참여하는 사람들의 동기를 변화시키고자 한다. 그러나 마퀀드에 따르면 공적 영역의 쇠퇴는 원자화된 시민이 부상한 결과가 아니라 그 부상의 원인으로 보아야 한다. 그는 '시민권의 후퇴'를 개인이 실제로 시민이 될 수 있는 기회, 즉 공동선의 정의에 대한 숙의에서 발언권을 가질 기회가 점점 줄어들고 있다는 사실에 대한 반응으로 보아야 한다고 주장한다. 바우만도 비슷한 결론에 도달했는데 그는 원자화된 현대 사회에 대한 해법은 '공적 영역'의 필요성을 줄이는 게 아니라 더 많게 하는 것이라고 주장한다.[43] 피상적인 수준에서 보면 각국 정부, 특히 신자유주의 정부에서는

---

42 Pattie, Seyd 및 Whiteley 2004.
43 Bauman 2000, p. 51.

시민들(일반적으로 '납세자'로 불리는)에게 더 많은 선택권을 주려는 노력으로 이 문제를 다루는 것 같다. 하지만 선택권이 곧 민주주의가 아님을 아는 것이 중요하다. 소비자들은 한 세트의 메뉴에서 선택할 수 있지만 민주주의는 애초에 메뉴에 무엇을 올려야 하는지에 대한 결정에 시민들이 참여할 수 있을 때에만 성립한다.

이것은 민주주의와 커리큘럼에 어떤 의미가 있는가? 내가 도출하고자 하는 결론은 우리가 분파적인 요구와 민주적인 요구의 차이를 인지하고 있는 한, 교육에 대한 민주적인 요구가 반드시 분파적이고 단편적인 커리큘럼으로 이어질 필요는 없다는 것이다. 전자의 관심은 단지 소비자의 선호를 표현하는 것에 있지만 후자의 관심은 공동의 이익과 공동선에 대한 보다 폭넓은 방향성에 비추어 그러한 선호를 변형하는 것에 있다. 물론 3장에서 주장했듯이 이러한 방향성이 개인의 선호와 어긋날 수도 있다. 따라서 민주주의의 원칙을 구현한다는 것이 반드시 우리가 더 이상 교육의 요건을 충족시킬 수 없다는 것을 의미하지는 않는다. 왜냐하면 이런 추론은 민주주의를 있는 그대로 선호도 집계와 동일시하는 '소비자' 정의의 민주주의에만 해당되는 것이기 때문이다. 그러나 이 시대에 민주주의 원칙을 구현하는 것이 과거처럼 쉽고 간단하지만은 않다는 점을 인정해야 한다. 이것은 단지 우리가 공동선이라는 개념에 대해 확고한 믿음을 잃어버렸기 때문만은 아니며, 사적인 이슈를 공적인 이슈로 전환할 수 있는 장소와 공간의 역할을 하던 관행과 제도가 느리지만 지속적으로 침식되고 있기 때문이기도 하다. 앞에서 밝혔듯이 이것은 시민으로서의 관심이나 동기의 부족이 아니라 무엇보다도 진정한 민주적 참여 기회의 부족으로 해석되어야 한다. 이는 소비자주의적인 요구로 인해 커리큘럼이 파편화될 것이라는 오엘커스의 두려움보다 민주주의와 민주주의 교육의 미래에 더 큰 문제가 될 수 있다. 그 이유는 단지 공적 영역의 붕괴가 민주적 행위의 기회를 줄이기 때문만은 아니며, 무엇보다도 민주적 학습, 즉 공동생활의 구축과 유지에 참여하는 데 수반되는 학습기회를 감소시킬 것이기 때문이기도 하다.[44]

교육 요건의 충족

우리의 과제가 민주주의의 원칙을 구현함과 동시에 교육의 요건을 충족시키는 민주주의 교육에 대한 이해를 분명히 하는 것이라면, 그리고 이것은 민주주의 교육이 파편화되지 않아야 함을 의미하는 것이라면, 이는 민주주의의 원칙을 어떻게 이해할 것인지에 대한 질문을 제기할 뿐만 아니라 교육의 요건을 충족시키는 것이 무엇을 의미하는지, 보다 구체적으로는 교육의 요건을 비분파적인 방식으로 충족시키는 것이 무엇을 의미하는지에 대한 질문을 제기한다. 앞에서 살펴보았듯이 오엘커스의 경우 교육의 요건을 충족시키는 것은 무엇보다도 "학교교육의 결정적인 측면이 교과 관련 학습"이라는 사실을 인정하는 것을

---

44 Biesta 2005b; Carr와 Hartnett 1996 참조

의미하며, 이는 "제3자의 지식과 능력을 자신의 경험으로 번역함으로써 … 표준이 개별화되도록 하는 학습"이다.[45] 오엘커스가 보기에 이것은 제도로서의 학교의 주된 '존재 이유raison d'être'이며, 이와 관련하여 그는 이를 '사회적 경험이나 실험 학습'과 혼동해서는 안 된다고 강조한다.[46] 이런 학습이 학습 과정으로서 중요하지 않은 것은 아니지만 학교 교육에서 1차적으로 관심을 갖는 학습은 아니다.

물론 학교 교육에서 내용의 중요성을 경시하고 싶지는 않다. 그래서 자격화는 좋은 교육의 한 차원이라고 생각한다. 그러나 나는 학교교육의 과제를 교과 관련 학습의 개념으로 전부 커버할 수 있는가 하는 의문을 제기하고 싶다. 교과 관련 학습이 학교교육의 전부라고 볼 때의 한 가지 문제는, 학교교육의 기능을 내용의 측면에서 규정하는 순간 결국 커리큘럼은 누가 결정하며 거기에는 무엇이 포함되는가 하는 친숙한 질문을 제기하게 된다는 것이다. 커리큘럼에 결코 모든 것을 담을 수 없다는 점을 감안할 때 (부분적으로는 실용적인 이유지만 이는 바로 포괄적인 커리큘럼이 근본적으로 불가능함을 보여 준다) 주어진 커리큘럼은 항상 가능한 것 중에서 특정한 내용을 선택한 것일 뿐임을 인정해야 한다. 앞에서 살펴 본 바와 같이 이것이 특정 커리큘럼을 구성하는 데 선택받지 못한 사람들이, 자신들은 배제되었다고 느끼는 이유이다. 특정의 커리큘럼이 실제로 일반 커리큘럼, 즉 모든 사람을 위해 모든 것을 포괄하는 커리큘럼으로서 제시된다면 더욱 그렇다. 학교를 사회화

---

45 Oelkers 2000, p. 16.

46 Ibid., p. 15.

의 기관으로만 생각하고 교육과정을 인식론적으로만 접근하는 한 이러한 문제는 지속될 것이다. 물론 현대 교육 사상과 실천에는 빌둥 Bildung이라는 오랜 전통이 있는데, 여기서는 진정한 교육은 실제로 일반 지식에 대한 노출이나 적극적인 참여에서만 나온다고 가정한다.[47] 그러나 교육의 요건을 충족시키기 위해서는 사회화 과정에도 초점을 맞추어야 하지만 동시에 **주체화** 과정에도 주의를 기울여야 한다.

여기서 비분파적인 교육의 개념에 대한 도전은 다른 방식으로 제기된다. 말하자면 사회화와 주체화를 구별하는 것이 (여전히) 가능한가, 아니면 모든 주체화는 결국 사회화의 한 형태라는 것을 인정해야 하는가 하는 문제로 제기된다. 이것은 물론 4장에서 다루었던 문제로서, 주체화를 타고난 합리적인 잠재력의 개발로 생각하지 않고 기본적으로 미래를 향해 열려 있을 뿐만 아니라 본질적으로 민주적인 과정으로 이해하기 위해, '세계로의 출현'과 '유일성' 같은 개념을 사용해야 한다고 주장한 바 있다. 그 이유인즉 세계로의 출현은 필연적으로 복수성과 차이의 세계, 모든 사람이 행위할 수 있는 세계, 모든 사람이 복수성이라는 복잡한 네트워크로 시작을 끌어들이는 기회가 있는 세계로 들어오는 것을 의미하기 때문이다. 그러나 지금까지의 논의에서 강조한 바와 같이, 이 모든 시작을 단지 현 상태 그대로 받아들여야 한다거나, 위에서 지적한 바와 같이 민주주의는 그러한 시작들을 집계해 놓은 것임을 주장하려는 것은 아니다.

---

47 Biesta 2002; 2006a 참조

주체화의 중요성을 강조하고 주체화를 민주주의의 요구에 부응할 수 있는 비분파적인 방식으로 이해하고 또 '실천'할 수 있다고 주장한 다고 해서 주체화를 위한 학교교육이 자격화를 위한 교육과 별개라는 것을 의미하지 않는다. 교과 관련 학습은 애초에 학교가 존재하는 이유 에 있어서 중요한 요소지만, 이 학습은 주체화의 장을 마련해줄 수 있어야만 교육적인 교과 관련 학습이 될 수 있다. 그러나 이와 관련하여 나는 오엘커스의 주장과 같이, '제3자'의 지식과 능력을 자신의 경험으로 번역하여 표준이 개별화되도록 하는 것을 염두에 두고 있지는 않다.[48] 오엘커스가 표준이 개별화될 수 있는 방식을 언급하고 있듯이 그의 관심은 개개인의 개별화가 아니라 표준의 개별화에 있다. 오엘커스는 지식의 측면, 즉 일반적으로 교육내용의 측면에서 교과 관련 학습에 접근하고 있으며 개인이 어떻게 그러한 지식을 자신의 것으로 만들 수 있는가 하는 문제에 관심을 두고 있다. 그러나 추상적 지식을 자신의 지식으로 만드는 것은 그 자체로는 주체화에 적절한 과정이 아니다. 그래서 나는 주체화의 관점에서 주체화와 교과 관련 학습의 관련성을 제안하고자 하는 것이다. 이는 다양한 지식의 영역들이, 어떻게 유일한 개인이 세상으로 출현할 수 있는 방식으로서의 기회를 제공할 수 있는 지에 대한 질문을 수면 위로 끌어올린다는 것을 의미한다. 이것은 단순히 교육과정 지식에 대한 도구적 접근을 함축하는 것이 아니라 교육 내용을 매우 진지하게 받아들인다는 것을 의미한다. 결국, 교육 내용을

---

48 Oelkers 2000, p. 16.

진지하게 받아들일 때에만 교과 관련 학습은 세계에 대해서 분명한 입장을 취할 수 있고, 따라서 세계로의 가능한 '진입'을 하게 된다.

결론 : 듀이 이후의 민주주의 교육은 어떤 것인가?

이 장에서 나는 듀이 이후의 민주주의 교육 이론을 체계화하기 위해 오엘커스가 제기한 도전에 대응하려고 했다. 이 도전의 핵심은 민주 교육이 어떻게 민주주의의 원칙을 구현하면서 동시에 교육의 요건을 충족시킬 수 있는가 하는 문제이다. 핵심적인 질문의 하나는 민주주의 원칙을 이행하면 반드시 파편화된 교육으로 이어지는가, 아니면 비분파적인 방식으로 민주주의 교육을 생각할 수 있는가 하는 것이다.

한편으로 나는 민주적 요구와 분파적인 요구 사이의 차이를 인식하는 것이 중요하다고 주장했다(나는 이를 '소비지상주의의 요구'라고도 부른다). 분파적인 요구는 실제로 비분파적인 교육의 가능성을 위협할 수 있는 반면, 민주적 요구는 분파적인 요구를 집단적 관심사로 전환한 결과이기 때문에 정의상 비분파적이다. 앞에서 밝힌 바와 같이, 이는 민주적 요구가 모든 것을 포괄하는 교육으로 이어진다는 것이 아니라 민주적 과정의 결과로서의 배제와 특정한 입장의 헤게모니 결과로서의 배제 사이에는 중요한 차이가 있다는 것을 의미한다. 전자의 경우는 원칙적으로 정당화될 수 있고 이의 제기와 재협상도 가능하기 때문이다. 따라서 민주주의의 관점에서 볼 때, 민주주의 원칙을 실행하는 것이 반드시 분파적인 교육으로 이어질 필요는 없다. 그러나 또 다른 문제는 그러한 원칙을 실행하는 것이 동시에 교육의 요건을 충족시킬 수 있는가 하는 것이다.

앞서 살펴보았듯이, 오엘커스는 커리큘럼 내용의 중요성과 교과 관련 학습에 큰 비중을 두고 이 문제를 주로 학교교육의 자격화 측면에서 논의하고 있다. 이와는 대조적으로, 나는 유일한 개인이 세계로 출현하는 것을 필연적으로 세계의 다원적 성격에 달려 있는 과정으로 이해하는 민주적 주체화의 개념을 주장하면서 학교교육의 주체화 기능을 강조했다. 주체화는 우리의 시작이 다른 사람들이 의해 받아들여지면서 동시에 우리의 시작으로 인해 다른 사람들도 그들의 시작을 세계로 끌어들이는 데 방해받지 않는 방식과 관련이 있다. 이러한 맥락에서 나는 민주주의의 요구를 충족시키면서 동시에 교육의 요건을 충족시키는 것이 가능하다고 주장했다. 이것은 민주주의 교육을 위해서 학교를 주체화 기능으로 축소해야 한다는 주장이 아니다. 이는 오히려 주체화 자체가 지식과의 참여, 보다 일반적으로는 교과 내용에 대한 참여를 통해 일어날 수 있는 사회적이고 상호주관적이며 결국은 정치적 과정임을 이해하는 것이다.

이런 아이디어들은 얼마나 듀이를 넘어서는가? 아마도 결론은 나의 주장이 오엘커스의 기대보다는 듀이의 의도에 더 가까울 것이다. 왜냐하면 민주주의는 삶의 형식이기도 하며 민주주의자가 되는 것은 뭐니 뭐니 해도 학교 안팎에서 민주적인 삶의 형식에 참여함으로써 이루어지는 것이기 때문이라고 보기 때문이다.[49] 이 장에서는 민주적인 삶의 형식에 대해 다른 방식으로 생각하는 것의 중요성을 살펴보았다. 말하자면 사적인 욕구를 공적인 필요로 전환하는 것과 민주적인 인간을 정치적인 측면에서 이해하는 것이 중요하다는 점을 강조했다. 이러한 관점에서 볼 때, 듀이는 여전히 우리에게 민주주의 교육에 대한 이해에 있어서 중요한 출발점을 제시하고 있다는 결론을 내릴 수밖에 없다. 그리고 오엘커스는 다른 자료에서 듀이의 아이디어를 21세기에 그냥 구현하려 하기보다는 업데이트할 필요가 있다는 점을 인식하고 있다면, 독일/대륙의 전통과 비교하여 미국의 교육과 실용주의에 대한 논의가 아니라면 그 어디에서도 민주 교육의 출발점을 거의 찾을 수 없다고 주장했다.[50] 내가 지금 하고자 하는 것은 바로 듀이의 아이디어를 업데이트하는 일이다.

---

49   Biesta 2008a 참조
50   Oelkers 2005, p. 37 참조

06
___

교육, 민주주의 그리고
포용의 문제

06
교육, 민주주의 그리고 포용의 문제

민주주의의 개념은 이 책 대부분의 장에서 중심적인 역할을 해왔다. 이는 좋은 교육의 문제에 집중할 수 있는 가능성을 위협하는 사태의 전개가 동시에 민주적 참여와 행위 그리고 의사결정의 기회를 위협하는 것으로 보이기 때문만은 아니다. 이 문제에 대해서는 2장과 3장에서 구체적으로 논의한 바 있다. 또 하나의 이유는 4장에서 제기하고 5장에서 논의한 교육의 개념이 교육과 민주주의 사이의 강한 관계, 어떤 의미에서는 내재적인 관계에 달려 있기 때문이다. 이러한 교육의 개념에는 유일한 개인으로 세계로 출현하는 일이 '현실의worldly' 세계, 즉 모두가 아렌트적인 의미로 행위할 수 있고, 따라서 복수성과 차이로 특징지어지는 세계에서만 일어날 수 있다는 가정이 들어 있다. 이것은 단순하지만 중요한 과제, 즉 민주주의자를 새롭게 만들어내고 이를 통해 민주주의 사회를 창조하는 과제가 교육에 놓여 들어 있음을 시사하는 것일

수 있다. 민주주의 교육의 영역, 보다 구체적으로는 시민권의 영역에는 교육의 과제를 민주적 시민을 만들어내는 것으로 생각하는 경향이 많이 있지만,[1] 이러한 견해는 교육이 무엇이고 무엇을 성취할 수 있는가 하는 문제에 대한 미심쩍은 이해에 의존하고 있을 뿐 아니라 특정 '질서'로서의 민주주의라는 개념과도 연결이 되어 있다. 실제로 질서를 필요로 하는 민주주의의 요소들, 예를 들면 법의 질서 같은 것들이 있기는 하지만, 이는 반드시 민주주의를 법의 측면에서만 이해해야 한다거나 민주주의 교육을, '새로 오는 자들newcomers'을 그러한 질서에 효과적으로 사회화하는 것으로만 보아야 한다는 것을 의미하지는 않는다. 이 장에서는 민주주의를 이해함에 있어서 **포용**inclusion[2]의 역할에 대한 논의를 통해 이 문제를 다룰 것이다. 먼저 민주적 숙의와 의사결정의 관행을 보다 포용적으로 만들려고 노력함에 있어서 포용이라는 주제가 어떻게 민주주의에 대한 최근의 논의에서 중요하게 다루어지는지를 보여줄 것이다. 자크 랑시에르의 저작에서 나온 몇 가지 개념에 대한 토론을 통해 보다 포용적인 민주주의 질서 구축으로서의 민주주의가 아니라, 정확하게 말하면 민주주의 행위자로서의 지속적인 자기 혁신과 그 행위 형태로서의 민주주의를 사유하는 방식을 소개할 것이다.[3]

---

1 Biesta and Lawy 2006; Biesta 2007 참조

2 정치적 개념으로서의 'inclusion'은 대개는 '포용'으로 번역되지만 때로는 '포함', '포괄', '참여' 등으로 번역되기도 한다. 여기서는 문맥에 따라 '포함'으로도 옮겼다(옮긴이).

3 Rancière 1995, p. 61 참조

민주주의와 포용

포용은 민주주의의 유일한 핵심 가치는 아니더라도 핵심 가치의 하나라고는 할 수 있다. 그래서 페리클레스는 민주주의를 "권력은 소수가 아니라 전체 인민의 손에 달려 있다"라고 정의했고,[4] 동일한 근거에서 아리스토텔레스는 "모두가 각자를 지배하고 역으로 각자는 모두를 지배하는 것"이라고 설명했다.[5] 포용은 민주주의의 정당성에도 영향을 미친다. 왜냐하면, 아이리스 영Iris Young이 지적한 바와 같이, 민주적 의사결정의 규범적 정당성은 그것에 영향을 받는 사람들이 의사결정 과정에 참여하여 결과에 영향을 미칠 수 있는 기회를 갖는 정도에 달려 있기 때문이다.[6]

포용은 민주주의의 요체이자 목적이기도 하지만 민주주의의 주요 문제 중 하나이기도 하다. 처음부터 민주주의를 괴롭혔던 (그리고 어떤 의미에서는 민주주의가 시작되기도 전에 민주주의를 괴롭혔던) 의문은 '인민의 정의에 누구를 포함시킬 것인가?'하는 것이었다. 이것은 민주적 시민권의 문제이며, 우리는 아테네 도시국가에서 시민권이 매우 제한되어 있었음을 너무나 잘 알고 있다. 20세 이상의 아테네 남성에게만 시민권을 부여했고 여성과 어린이, 노예(인구의 약 60%를 차지함)와 이민자들, 심지어 몇 세대 전에 아테네에 정착한 이민자 가족들조차도 정치

---

4   Held 1987, p. 16.
5   Ibid., p. 19.
6   Young 2000, pp. 5-6.

참여에서 배제되었다.[7]

한편으로 민주주의의 역사는 포용 범위의 지속적인 확대로 기록될 수 있다. 여성운동과 노동운동을 포함한 지난 세기의 가장 강력하고 성공적인 사회운동은 바로 "억압받고 소외된 사람들이 완전하고 평등한 시민으로 받아들여져야 한다"는 요구를 중심으로 이루어진 경우가 많다.[8] 그러나 민주주의의 역사는 동시에 배제의 역사이기도 하다. 어떤 경우에는 배제가 민주주의라는 이름으로 정당화되기도 한다. 이는, 예를 들어, 자유민주주의의 경우에 잘 드러나는데 자유민주주의에서는 평등의 원칙을 나타내는 대중의 통치라는 민주주의 원리가 일련의 기본적 자유로 인해 제약을 받는다. 기본적 자유는 대중의 통치로 인해 개인의 자유가 제약되거나 방해받지 않도록 하기 위해 대중의 통치보다 우선시된다(이는 자유의 원칙을 나타낸다).[9] 자유민주주의는 민주적 의사결정의 특정 **결과**를 배제하려고 하지만(따라서 그러한 결과를 주장하는 사람들을 배제한다), 민주주의와 배제 사이에는 보다 직접적인 연관성도 있다. 여기서 최우선의 주장은 민주주의에 '적합하지 않은 것'으로 여겨지는 사람들에게 초점을 맞추고 있는데, 그 이유는 그들이 합리성이나 분별력(아래 참조)과 같은 민주적 참여의 기본으로 여겨지는 특정의 자질이 부족하거나 민주주의 이상 자체에 동의하지 않기 때문이다.

보니 호닉Bonnie Honig이 주장했듯이,[10] 이것은 특정의 정치적 정체성

7   Held, 1987, p. 23.

8   Young 2000, p. 6.

9   Gutmann 1993, p. 413.

을 중심으로 민주 정치가 조직되기를 기대하는 공동체주의자들에게만 해당되는 문제가 아니다. 이 문제는 자유주의자들에게도 해당되는데, 그 이유는 합리적으로 행동할 의사와 그럴 능력이 있는 사람들, 그리고 좋은 삶에 대한 실질적인 개념을 기꺼이 사적인 영역 뒤에다 남겨두고자 하는 사람들로 정치 참여를 제한하는 경향이 있기 때문이다. 이러한 전략은 '합리성이 미흡한subrational'(예: 특정한 범주의 정신질환자) 또는 분별력이 없는 것으로 간주되는 사람들을 배제하는 결과를 초래할 뿐만 아니라, 발달 단계상 '전합리적인prerational' 혹은 보다 일반적인 의미에서 '전민주적인predemocratic' 사람들의 배제를 정당화하는 데 이용되는데, 아이들은 이러한 범주의 가장 명백한 사례이다. 흔히 민주적인 교육은 개인으로 하여금 민주적 의사결정에 참여할 준비가 되도록 하는 과정으로 여겨지기 때문에 바로 이 지점은 교육과의 중요한 연결고리이다.

민주주의 이론에서 포용의 역할

포용의 문제는 정치적 의사결정에 관한 토론에서 핵심적인 역할을 한다. 현대정치이론에는 민주적 의사결정과 관련하여 선호집계 모델과 숙의 모델이라는 두 가지 주요 견해가 있다.[11] 항상 그런 것은 아니지만 첫 번째 모델에서는 민주주의를 종종 공직자와 정책을 선택하는

---

10 Bonnie Honig 1993.
11 Young 2000, pp. 18-26; Elster 1998, p. 6 참조

데 있어서 개인 선호도의 집계 과정으로 본다. 여기에 들어 있는 핵심 가정은, 개인의 선호도는 고정된 것으로 간주되어야 하며 정치는 다수결 원칙에 근거하여 대개는 선호도의 집계에 관련된 것일 뿐이라는 것이다. 이러한 선호의 원천이 무엇인지, 타당한 선호인지 아닌지, 제시하는 이유가 이기적인지 이타적인지는 중요하지 않은 것으로 본다. 다시 말하면 "목적과 가치는 주관적이고 합리외적이며 정치 과정과 무관한 것"으로, 민주정치는 기본적으로 "개인의 이익 간 그리고 선호 간 경쟁"이라고 가정한다.[12]

지난 20년 동안 민주주의는 단순한 선호의 집계에 그쳐서는 안 되며 숙의를 통한 선호의 변형이 수반돼야 한다고 주장하는 정치 이론가들이 점점 더 많아졌다. 숙의 모델에서는 민주적 의사결정이 집단행동의 수단과 목적에 대해 참가자 간 주고받는 논쟁을 통해 이루어지는 과정으로 본다.[13] 영이 설명했듯이, 숙의 민주주의는 '어떤 선호가 가장 많은 사람들의 지지를 받는지를 결정하는 것'이 아니라, 집단이 동의하는 어떤 제안이 최선의 이유로 뒷받침되는지를 결정하는 것이다.[14] '최선의 이유'에 대해 언급한다는 것은(이는 매우 중요한 사실이다) 숙의 민주주의가 특정의 숙의 개념에 기반을 두고 있음을 말해준다. 예를 들어, 드라이젝John Dryzek은 숙의란 것이 다소 광범위한 활동을 포함할 수 있음을 인정하지만, 진정한 숙의가 가능하기 위해서는 선호도에 대한

---

12 Young 2000, p. 22.
13 Elster 1998, p. 8.
14 Ibid., p. 23.

성찰이 강압적이지 않은 방식으로 이루어져야 한다고 주장한다.[15] 이러한 조건은 '권력 행사, 조작, 교화, 선전, 기만, 단순한 자기 이익의 표현, 위협 … 그리고 이데올로기적 일치를 강요하려는 시도를 통해 지배하는 것을 배제한다'. 이것은 숙의 민주주의가 '합리성과 공평성의 가치에 헌신하는' 참가자들이 주고받는 논쟁에 관한 것이며,[16] 숙의는 '자유롭고 평등하며 합리적인 행위자들' 사이에서 이루어져야 한다는 엘스터Jon Elster의 주장과 맥락을 같이한다.

어떤 면에서 숙의 모델로의 전환(혹은 귀환)[17]은 민주주의 이론과 실천에서 중요한 진전이다. **한편으로** 이 모델은 민주주의의 기본 가치, 특히 민주주의가 집단적 의사결정에 실제로 참여하는 일에 관한 것이라는 생각을 보다 충실하게 표현한 것으로 보인다. 집계 모델에서는 참여가 거의 없으며 의사결정은 주로 **알고리즘**에 의해서 이루어진다. **다른 한편,** 숙의 모델에 의한 접근에는 훨씬 더 강력한 교육적 가능성이 있는 것으로 보인다. 숙의 모델에 따르면 '정치행위자들은 선호와 관심을 표현할 뿐만 아니라, 포용적 평등의 조건에서 이들 간의 균형을 어떻게 맞출 것인가에 대해 **서로 교감을 나눈다**'.[18] 이러한 상호작용을 하려면 자신의 주장과 제안을 정당화함에 있어서 모든 사람들이 받아들일 수 있도록 서로에 대해 개방적이고 관심을 기울여야 한다. 또한 참가자들은

---

15 Dryzek 2000, p. 2.

16 Elster 1998, p. 8.

17 Dryzek 2000, pp. 1-2.

18 Young 2000, p. 26.

자기중심적인 방식에서 공적으로 인정받을 수 있는 방식으로 방향을 전환해야 한다.[19] 따라서 참가자들은 종종 새로운 정보를 얻거나, 그들의 집단적 문제에 대해 다른 경험을 배우며, 자신의 처음 의견이 편견과 무지에 근거한 것이었음을 깨닫기도 하고, 자신의 이익과 다른 사람들의 관계에 대한 인식이 오해였음을 확인하기도 한다.[20] 워렌Mark Warren이 주장했듯이, 숙의의 과정에 참여하는 것은 참가자들에게 좀 더 공적인 마인드를 갖게 하고, 보다 관용적이고 박식하며, 다른 사람들의 관심에 더 많은 주의를 기울이고, 자신의 관심에 대해 보다 더 객관적으로 바라볼 수 있게 한다.[21] 따라서 숙의 민주주의 지지자들에 따르면 이 모델은 보다 민주적일 뿐만 아니라 더 교육적이라고 주장한다. 숙의 민주주의의 **세 번째** 이점은 정치 행위자의 동기 부여에 미치는 잠재적 영향에 있는데, 이는 민주적 의사결정에 참여하는 것이 참여자들로 하여금 그 결과에 더 많이 몰입하게 할 가능성이 있기 때문이다. 이 말은 숙의 민주주의가 본질적으로 '바람직한' 사회 문제해결의 방법일 뿐만 아니라 이를 위한 '효과적인' 방법일 수도 있음을 말해준다.[22]

숙의 모델로의 전환은 민주주의를 핵심 가치에 더 가깝게 하려는 시도로 볼 수 있으며, 이 점에서 선호집계 모델, 보다 일반적으로는 자유민주주의의 특징인 개인주의 및 '단절된 다원주의'[23]에 대한 중요한

---

19 Ibid.
20 Ibid.
21 Warren 1992, p. 8.
22 Dryzek 2000, p. 172.
23 Biesta 2006a.

수정을 나타낸다. 그러나 숙의 민주주의는 민주주의에 수반되는 이해관계를 수면 위로 끌어올림으로써 민주적 포용에 따르는 난점을 훨씬 더 날카롭게 부각시켰으며, 따라서 포용의 문제를 둘러싼 일련의 문제들을 야기했는데 이는 아이러니하지만 놀라운 일은 아니다. 여기서 주요 쟁점은 숙의에 대한 참여의 진입 조건에 모아진다. 위에 인용한 저자들은 무엇보다도 민주적 숙의에 참여하는 것이 규제되어야 하며 특정 가치와 행동에 헌신하는 사람들에게만 주어져야 한다고 제안하는 것으로 보인다. 예를 들어 영은 숙의 모델에는 "포용, 평등, 분별력 및 공개성 같은 숙의 당사자의 관계와 성향에 대한 몇 가지 규범적 개념이 요구된다"고 주장하면서 이러한 개념들은 "숙의 모델에서 모두 **논리적으로** 관련되어 있다"고 주장한다.[24] 숙의 민주주의의 지지자 대부분은 숙의 과정의 참여에 대한 일련의 진입 조건을 구체화하지만 흥미롭게도 토론과 관련하여 민주적 숙의에 필요한 일련의 이상적인 조건이 아닌 최소한의 조건을 설명하는 데도 많은 애를 먹는다.[25] 영은 분별력(진입 조건의 필요조건으로 봄)과 합리성(진입 조건의 필요조건으로 보지 않음)을 구별하는 흥미로운 예를 제시한다. 영에 따르면 분별력이 있다는 것이 곧 합리적임을 의미하지는 않는다. 분별력은 "토론 참가자들이 토론에 실질적으로 기여한 실질적인 내용이라기보다는 토론 참가자들이 지니고 있는 일련의 **성향**"을 가리킨다.[26] 그녀는 분별력이 있는 사람

---

24 Young 2000, p. 23.
25 예 : Elster의 1998 기고문 참조
26 Young 2000, p. 24.

들이 종종 엉뚱한 생각을 한다는 것을 인정하지만 그들을 분별력 있게 만드는 것은 누군가가 그들의 생각이 왜 부정확하거나 부적절한지를 설명할 때 그의 말을 기꺼이 경청하는 것이다. 따라서 영의 관점에서 분별력은 사람들의 선호와 신념의 논리적 '자질'에 대한 기준이 아니라 의사소통의 미덕으로 나타난다.

이러한 사례는 포용의 문제가 숙의 모델에서 왜 그렇게 중요해졌는지를 보여줄 뿐만 아니라 왜 숙의 모델로의 전환이 포용과 관련하여 완전히 새로운 일련의 이슈들을 만들어냈는지를 설명해 준다. 그 이유는 숙의가 단순히 정치적 '의사결정'의 한 형태가 아니라 무엇보다도 정치적 '의사소통'의 한 형태이기 때문이다. 따라서 숙의 민주주의에서 포용의 문제는 누가 포함되어야 하는지에 대한 질문이 아니라 – 물론 이 질문도 항상 제기되어야 한다 – 무엇보다도 누가 숙의에 효과적으로 참여할 수 있느냐에 관한 것이다. 드라이젝이 적절하게 요약한 것처럼, 숙의 민주주의에 대한 의구심은 "특정의 분별력 있는 정치적 상호작용에 초점을 맞추는 것이 실제로는 중립적이지 않으며 민주정치에 대한 효과적인 참여에서 다양한 목소리를 체계적으로 배제시킨다는 것이다".[27] 이와 관련하여 영은 외적 배제와 내적 배제라는 유용한 구분을 제시한다. 외적 배제란 사람들이 어떻게 토론과 의사결정의 과정에서 실질적으로 제외되는가에 관한 것이고 내적 배제는 의사결정과정에 형식적으로 참여하기는 하지만 가령, 그들의 주장이 진지하게 받아

---

27 Dryzek 2000, p. 58.

들여지지 않으며 동등하게 대우받지 못하고 있다고 믿는 경우이다.[28] 다시 말해, 내적 배제는 사람들이 의사결정의 무대와 절차에 접근할 수 있을 때조차도 다른 사람들의 사고에 영향을 미칠 수 있는 효과적인 기회가 부족한 상황을 가리킨다. 이는 일부 숙의 민주주의 지지자들이 '냉정하고 상황에 얽매이지 않으며 중립적인 이성'을 강조한 결과일 수 있다.[29]

영은 논쟁에 대해 너무 편협한 초점을 둔 결과로서의 내적 배제에 대응하기 위해 숙의 과정에 추가되어야 할 몇 가지 정치적 의사소통 방식을 제안했는데, 이는 숙의과정에서 발생하는 '배제'의 경향을 개선할 뿐 아니라 '존중과 신뢰'를 높이고 '구조적, 문화적 차이에 대한 이해'를 가능하게 하기 위한 것이다.[30] 그중 **첫 번째**는 **환영** 또는 **공개적인 인정**이다. 이것은 '갈등 관계에 있는 사람들이 상대편을 토론의 당사자로, 특히 의견이나 관심 또는 사회적 지위가 다른 사람들을 토론의 상대로 **인정**하는 소통의 정치적 제스처'[31]에 관한 것이다. 영은 환영을 정치적 상호작용의 출발점으로 생각해야 한다고 강조한다. 이것은 "이유를 대고 평가하는 것"[32]에 앞서 숙의의 과정에서 상대편을 인정할 것을 요구한다. 정치적 의사소통의 **두 번째** 방식은 수사rhetoric이다. 보다 구체적으로 말하면 수사를 긍정적으로 사용하는 것이다.[33] 수사는 정치적

---

28 Young 2000, p. 55.

29 Ibid., p. 63.

30 Ibid., p.57.

31 Ibid., p. 61.

32 Ibid., p. 79.

의사소통의 내용이 아닌 형식에만 관련이 있다고 할 수도 있지만, 영의 요점은 포용의 정치적 의사소통에서는 다양한 형식의 표현에 주목하고 그것들을 긍정적으로 받아들여야 하며 수사로부터 합리적인 주장을 제거하려고 해서는 안 된다는 것이다. 수사는 숙의를 위해 특정 쟁점을 의제에 올리는 데 유익할 뿐만 아니라 **"특정 상황에서 특정의 대중에게 적합한 방식으로"** 요구와 주장을 분명히 밝히는 데 도움이 될 수 있다.[34] 수사는 항상 특정의 청중을 위해 적절한 위치에 배치하고 구체화된 스타일과 톤으로 제공함으로써 논쟁을 일으킨다.[35] 영이 말한 **세 번째** 정치적 의사소통 방식은 내러티브 혹은 스토리텔링이다. 민주적 의사소통에서 내러티브의 주요 기능은 '중요한 것에 대해 상당히 다른 경험이나 가정을 가진 정치 구성원들 간의 이해를 높일 수 있는 잠재력'에 있다.[36] 영은 정치적 의사소통을 가르치고 배우는 차원에서의 내러티브가 지니는 역할을 강조한다. 그녀의 주장에 따르면 '포용적인 민주적 의사소통'에서는 다음과 같은 가정을 하고 있다. 즉 "모든 토론 참가자들은 함께 사는 사회에 대해 대중에게 가르칠 것이 있다. 그렇지만 그들은 세계(사회 혹은 자연)의 어떤 측면에 대해 무지하며, 따라서 모종의 편견과 선입견, 맹점 또는 고정관념으로 인해 정치적 갈등을 겪게 된다."[37]

---

33 Ibid., p. 63.
34 Ibid., p. 67.
35 Ibid., p. 79.
36 Ibid., p. 71.
37 Ibid., p. 77.

환영과 수사 그리고 내러티브는 논증을 대체하기 위한 것이 아니라는 사실을 강조하는 것이 중요하다. 숙의 민주주의는 "참가자들이 서로에게 이유를 요구하고 이를 비판적으로 평가한다"[38]는 것을 영은 거듭 강조한다. 숙의 모델의 다른 지지자들은 훨씬 더 편협한 접근법을 취하여 숙의를 오로지 합리적인 논증의 한 형태로만 간주한다.[39] 이 관점에서 보면 유일하게 적법한 힘은 "더 나은 논증이라는 강압적이지 않은 힘forceless force of the better argument"이어야 한다.[40] 마찬가지로 드라이젝은 영의 초기 개념(즉 『포용과 민주주의Inclusion and Democracy』[41] 출판 이전의 저작)에 대해 논의한 후, 논쟁은 "항상 숙의 민주주의의 중심이 되어야 한다"고 결론을 내렸다.[42] 그는 다른 의사소통 방식이 존재할 수 있고 그것들을 환영할 충분한 이유가 있음을 인정하지만, 그것들은 "존재할 필요가 없기 때문에" 그 지위는 다르다는 점[43]을 강조했다. 결국 드라이젝에게 있어서 모든 정치적 의사소통 방식은 합리성의 기준에 부응해야 한다. 이는 그 기준이 합리적인 논쟁에 종속되어야 한다는 것을 의미하지는 않지만, 그 논의 전개는 무엇을 해야 하는가에 대한 논쟁이 중심이 되는 맥락에서만 의미가 있다.[44]

---

38 Ibid., p. 79.
39 예 : Benhabib 1996.
40 Habermas 1998b.
41 Young, I. M. 『Inclusion and Democracy』. 김희강·나상원 옮김(2020). 『포용과 민주주의』로 박영사에서 출간되었다(옮긴이).
42 Dryzek 2000, p. 71.
43 Ibid.
44 Ibid., p. 168.

민주주의는 '표준'이 될 수 있는가?

포용에 대한 이 간략한 개요는 지난 20년 동안 민주적 포용의 문제를 둘러싸고 이루어진 진전을 보여준다. 그러나 이것은 민주적 포용에 대한 논의가 진행되는 방향에 더 이상 아무런 문제도 남아 있지 않다는 것을 의미하지는 않는다. 그리고 나는 이러한 문제들이 단지 실천적인 것에 그치는 것이 아니라 민주주의와 포용에 대한 담론의 기초가 되는 보다 근본적인 가정과 관련이 있음을 주장하고자 한다. 내가 보기에 특히 문제가 되는 것은 두 가지 가정이다.

첫 번째 가정은 민주주의가 '표준적인' 위치가 될 수 있다는 믿음이다. 포용에 관한 논의에서 주된 도전은 실천적인 것으로 여겨지는 것 같다. 즉, 어떻게 민주적 실천을 더욱 포용적으로 만들 수 있는가(내적 포용), 그리고 어떻게 더 많은 사람들을 민주적 숙의의 영역에 끌어들일 수 있는가(외적 포용)에 대한 질문으로 인식되는 것이다. 여기서의 가정은 타자성과 차이에 더욱 세심한 주의를 기울인다면 결국에는 완전한 민주적 포용, 즉 민주주의가 '표준'이 되는 위치에 도달하리라는 것이다. 이러한 위치에 언제, 어떻게 도달할 수 있는지, 그리고 거기에 들지 못하는 '남은 사람들'은 항상 존재할 것인지에 대해서는 의견이 다를 수 있지만,[45] 민주화란 민주주의 영역에 점점 더 많은 사람을 끌어들이는 것을 의미한다는 개념은, 최선의 민주주의가 가장 포용적인 민주주의

---

45 Mouffe 1993.

라는 기본적인 사유를, 그리고 민주주의가 표준적인 정치적 현실이 될 수 있고 되어야 한다는 기본적인 가정을 드러낸다.

이는 **두 번째 가정**과 연결된다. 그것은, 포용이 민주주의의 영역 밖에 위치하고 있는 사람들을 이 영역 안으로 끌어들이는 과정이며, 더욱 중요한 것은 이미 '내부'에 위치해 있는 사람들이 그들을 끌어들이는 과정이라는 것이다. 여기서의 가정은, 포용이란 '안에서 밖으로inside out'[46] 나타나는 과정, 즉 이미 민주적이라고 여겨지는 사람들의 위치에서 나오는 과정이라는 것이다. 이러한 포용의 용법은 곧 누군가가 다른 누군가를 포용한다는 것을 의미할 뿐만 아니라(이는 포용적 교육의 분야에 종사하는 이들에게는 친숙한 것이다), 누군가가 포용의 조건을 설정하고 있으며 포용되기를 원하는 사람들은 그 조건을 충족해야 함을 의미한다.

물론 이론적 순수성이라는 목욕물과 함께 숙의 민주주의라는 아기를 내다버릴 필요는 없으며,[47] 이것은 분명히 나의 의도가 아니다. 숙의 민주주의에는 분명히 다른 정치적 관행과 과정에 비해 많은 이점이 있다. 그러나 우리가 제기해야 할 질문은 민주주의에 대한 근본적인 가정

---

46 경영전략에서 주로 사용하는 개념으로, '인사이드 아웃inside out'은 조직 안의 특성이 조직 밖의 성과를 결정한다는 것이고, '아웃사이드 인outside in'은 반대로 조직 밖의 요인이 조직 내부를 결정한다는 것이다. 여기서는 타자가 민주적 질서 속으로 들어오는 데 있어서 내부자와 타자 중 "어느 쪽이 주체인가"라는 물음과 관련된 의미로 쓰이고 있다. 통상적으로 주장되는 내부자가 주체가 되어 타자를 포용할 조건을 설정해야 한다는 '인사이드 아웃'의 관점과는 달리 이어서 논의되는 랑시에르는 민주화가 아웃사이드 인의 과정이어야 한다고 주장한다(옮긴이).

47 "목욕물 버리면서 아이도 함께 버리지 말라Don't throw the baby out with the bath water"는 서양속담은 본질적이지 않은 것 때문에 본질적인 것을 망각해서는 안 된다는 뜻을 담고 있다(옮긴이).

이 과연 민주주의를 이해하고 '실천'하는 최선의 방식, 말하자면 가장 민주적인 방식(그렇게 말할 수 있을지도 모르지만)으로 귀결되는가 하는 것이다. 이 질문에 답하는 첫 번째 단계는 민주주의를 달리 이해할 수 있는지를 묻는 것이다. 랑시에르는 민주주의와 포용에 대한 일반적인 담론과는 사실상 다른 방식으로 민주주의 문제에 접근하려고 한 저자이다.

민주주의와 민주화에 대한 랑시에르의 시각

주류 담론에서는 민주주의가 불변이고 표준적일 수 있다고 하지만 랑시에르에 따르면 민주주의는 어쩌다sporadic, 매우 특별한 상황에서만 가끔 일어난다고 주장한다.[48] 이 점을 명확히 하기 위해 랑시에르는 정치[49]와, 그의 용어로 치안police 또는 치안 질서police order를 구별한다. 푸코를 연상시키는 방식으로 랑시에르는 치안을 '신체의 질서'로 정의한다. 이 질서는 "행동방식, 존재방식 그리고 말하는 방식을 규정하고 신체의 이름에 맞게 특정 자리와 역할을 할당하는지 확인한다".[50] 이 질서는 시각적이고 언어적인 질서로서, 특정 행위는 보이게 하고 다른 행위는

---

48 Rancière 1995, p. 41, p. 61 참조
49 랑시에르에게 있어서 정치란 항상 민주정치, 즉 정치제도 자체로서의 민주주의를 의미함, Rancière 1999, p. 101.
50 Rancière 1999, p. 29.

보이지 않도록 하며, 어떤 말은 담론으로 이해를 하고 다른 말은 소음으로 처리한다.[51] 치안은 국가가 사회의 삶을 조직하는 방식으로만 이해되어서는 안 된다. 또한 하버마스의 용법으로 말하면 치안은 시스템에 의한 생활세계life world의 '지배'만도 아니며[52] 둘 다를 포함한다.[53] 랑시에르의 설명에 따르면 "치안체제를 규정하는 자리와 역할의 분배는 국가 기능의 경직성만큼이나 자발성을 가장한 사회적 관계에서 비롯된다".[54] 이러한 치안의 정의를 해석하는 한 가지 방식은, 모든 사람이 특정한 자리와 역할 또는 위치를 가지고 있다는 점에서 치안을 '모두를 포용하는all-inclusive' 질서로 생각하는 것이다. 그러나 이것은 모든 사람이 질서를 운영하는 일에 참여한다는 것을 의미하지는 않는다. 핵심은 아무도 질서에서 배제가 되지 않는다는 것이다. 아테네의 민주주의를 보면 여성, 어린이, 노예 및 이민자들은 분명한 자리, 말하자면 정치적 의사결정에 참여할 수 없는 자들이란 점에서 나름 분명한 자리를 차지하고 있었다. 바로 이 점에서 모든 치안 질서는 모두를 포용한다.

이런 배경에서 랑시에르는 **정치**를 평등의 이름으로 치안 질서를 해체하는 것으로 정의한다. 이것은 랑시에르가 생각하는 것보다 더 간단하게 들릴 수 있으므로 정치가 드러내는 해체disruption에 대해 명확히

---

51 Ibid.

52 Habermas 1987.

53 여기서 '둘 다를 포함한다'는 표현은 문맥으로 보면 국가와 사회의 삶 혹은 시스템과 생활세계는 전자가 후자를 일방적으로 지배하는 관계가 아니라 양쪽이 서로에 대해 지배력을 행사하는 관계라는 의미로 해석된다(옮긴이).

54 Rancière 1999, p. 29.

하는 것이 중요하다. 랑시에르는 치안유지에 반하는 매우 단호한 활동이 아닌 경우 '정치'라는 용어의 사용을 유보한다. 단호한 활동이란 "어떤 것이든 현재의 권력지형에서는 정의상 설 자리가 없는 전제로 인해 당사자와 몫 혹은 몫의 부재를 규정하는 현실적인 권력지형을 파열시키는 모든 것"이다.[55] 이러한 파열은 "당사자와 몫, 그리고 몫의 부재를 규정하는 공간을 재구성하는" 일련의 활동으로 나타난다.[56] 이렇게 인식된 정치 활동이란 "어떤 것이든 하나의 신체를 원래 그것에 부여되었던 자리에서부터 자리를 옮기는 모든 것"을 가리킨다.[57] 그것은 별볼일 없던 것을 보이게 하고, 한때 소음의 자리밖에 차지하지 못했던 말에도 귀를 기울이게(이해하게) 한다.[58] 정치 활동은 언제나 기본적으로 이질적인 가정을 실행에 옮김으로써 감지할 수 있는 치안 질서의 분할을 무효화시키는 표현 방식이다. 이 가정은 몫이 없는 자들의 몫에 대한 가정이며, 몫이란 것은 결국 그 자체가 순전히 우연적인 질서이고, 말하는 존재는 이 사람이나 저 사람이나 모두 평등한 존재임을 보여준다는 가정이다.[59] 그러므로 정치란 치안과 평등이라는 두 개의 '이질적인 과정'이 만날 때의 사건을 가리킨다.

이러한 설명에 추가해야 할 점이 두 가지 있다. 랑시에르가 이런 식으로 이해할 때의 정치는 언제나 민주주의 정치다. 그러나 민주주의

---

55 Ibid., pp. 30-31.
56 Ibid., p. 31.
57 Ibid.
58 Ibid.
59 Ibid.

는 '체제나 사회적 삶의 방식'이 아니다. 다시 말해서 민주주의는 치안질서의 일부가 아니며 그렇게 될 수도 없다. 민주주의는 오히려 '정치 자체를 제도화한 것'으로 이해해야 한다.[60] 그러나 모든 정치가 민주적이라는 것은 일련의 제도라는 의미에서가 아니라 '평등의 논리를 치안 질서의 논리와 대립시키는' 표현형식이라는 의미에서이다.[61] 따라서 민주주의는 평등에 대한 '요청'이라고 할 수 있다.

그러나 이러한 주장은 랑시에르의 민주주의 이해에 대해서 또 다른 질문을 제기하는데, 그것은 **누가** 이런 요청을 하는가 하는 것이다. 다시 말하면 누가 정치를 '하는가', 혹은 누가 민주적인 행위를 '실행하는가' 하는 질문이다. 이러한 질문의 요점은 정치의 주체가 없다든가, 민주주의에 참여하는 민주적 행위자가 없다는 것을 의미하지 않는다. 핵심은 민주적인 행위를 '실천하기' 이전에는 정치적 행위자들 – 또는 주체들 –이 존재하지 않는다는 것이며, 더 정확하게 말하면 그들의 정치적 정체성, 민주적 주체로서의 정체성은 오직 치안 질서의 해체 행위를 통해서만 존재하게 된다는 것이다. 그래서 랑시에르는 정치는 그 자체가 주체화의 과정이라고 주장한다. 그것은 정치적 주체가 형성되는 과정이다. 랑시에르Rancière는 주체화를 "주어진 경험의 영역 내에서 이전에는 식별할 수 없었던 몸과 발화 능력을, 일련의 행위를 통해 만들어 나가는 것"이라고 정의하며, 따라서 그것을 식별하는 것은 경험 영역을 재구성reconfiguration하는 것의 일부이다.[62, 63]

---

60 Ibid., p. 101.

61 Ibid.

그러므로 민주주의는, 더 정확히 말해서 민주주의의 출현은 단지 이전에 정치의 영역에서 배제되었던 집단이 세상에 자신의 자리를 주장하기 위해 한 발 앞으로 나아가는 상황에 그치는 것이 아니다. 이와 동시에 민주주의는 이전에는 존재하지 않았던 특정한 정체성을 가진 새로운 집단을 **창조하는 것**이기도 하다. 예를 들어, 19세기 노동자들의 활동에서 발견되는 민주적 활동에서 그들은 "노동관계의 **집단적인 기반**을 확립"했는데, 이전에는 그 관계가 "무수히 많은 **개인 간 관계의 산물**"로 여겨졌었다.[64] 그러므로 민주주의는 새로운 정치적 정체성을 확립해나가는 것이다. 또는 랑시에르가 말했듯이, "민주주의는 국가 또는 사회의 정당들과 일치하지 않는 주체를 설계하는 것이다".[65] 이는 "보이지 않던 사람들이 출현하는 자리는 곧 분쟁이 일어나는 곳"임을 의미한다.[66] 정치적 분쟁은 특정 계급으로 이루어진 정당 간의 이해관계를 둘러싼 갈등과 다르다. 왜냐하면 이 분쟁은 "그 정당들의 셈법에 대한 갈등"이기 때문이다.[67] 다시 말하면 그것은 "자리의 분배에 관한 치안

---

62 Ibid., p. 35.

63 이는 '민주적 주체로서의 정체성'이 인간의 내면에 별도로 존재하는 하나의 '실체'가 아니라 정치 활동의 과정을 통해서만 존재하는 '과정'의 개념임을 말한다. 이를 교육으로 끌어오면 저자가 강조하는 '주체화' 역시 교육을 통해서 길러진 주체성이 인간의 내면 어딘가에 자리를 잡고 있는 '실체'가 아니라 필요한 상황에서 행위를 통해 드러나는 '과정'의 개념이라고 할 수 있다. 주체화만이 아니라 다른 교육의 목적 중에도 실체가 아닌 과정의 개념이 있다고 한다면 현재의 제도교육에서는 이를 얼마나 교육 활동에 반영하고 있으며 또 어떻게 평가하고 있는가 하는 문제를 제기할 수 있다(옮긴이).

64 Ibid., p. 30.

65 Ibid., pp. 99-100.

66 Ibid., p. 100.

의 논리와 평등주의적 행위에 관한 정치적 논리” 간의 분쟁이다(같은 책). 그러므로 정치는 “근본적으로 공동의 무대를 둘러싼 갈등이자 그 무대 위에 있는 사람들의 존재 및 지위에 관한 갈등”이다.[68]

그러므로 랑시에르에게 있어서 민주화는 중심에서 시작하여 주변으로 확장되는 과정이 아니다.[69] 다시 말하면 이미 민주적으로 된 사람들(랑시에르의 입장에서는 불가능한 입장임)이 타자들을 자신들의 영역으로 끌어오는 과정이 아닌 것이다. 정확히 말하면 민주주의는 ‘외부’로부터의 요구, 불의 또는 랑시에르가 ‘잘못’[70]이라고 지칭한 것의 인식에 근거한 요구, 말하자면 평등이라는 이름으로 제기된 요구로 나타난다. 이런 요구를 하는 사람들은 단순히 기존 질서에 포함되기를 원하는 것이 아니라, 새로운 정체성, 새로운 행위 방식과 존재 방식이 가능해지고 ‘고려’되는 방식으로 질서가 **재편성**되는 것을 원한다. 이는 랑시에르에게 있어서 민주화란 더 이상 배제된 당사자들을 기존 질서에 포함시키는 과정이 아니라 평등이라는 이름으로 그 질서를 변형시키는 것임

---

67 Ibid.

68 Ibid., pp. 26-27.

69 Ibid., 각주 46 ‘인사이드 아웃’과 ‘아웃사이드 인’에 대한 설명 참조(옮긴이)

70 랑시에르는 치안과 정치를 구분하기 위해서 ‘잘못(tort=프, wrong=영)’이라는 개념에 특별한 의미를 부여한다. 그에 따르면 고대 그리스 이래 서구의 정치철학은 ‘아르케(근거, 원리, 질서 등을 뜻함)’에 기반을 둔 정치 공동체의 질서를 모색했다. 아르케의 원리에 따르면 아무런 자격이나 능력도 없이 아무나 정치를 할 수 있게 하는 것은 아르케 질서에 ‘잘못’을 범하는 것이고 정치를 ‘왜곡’하는 것이다. 그러나 랑시에르에 따르면 아르케의 원리야말로 정치 공동체의 구성원인 데모스demos, 곧 인민을 몫 없는 이들로 배제함으로써 정치에 ‘잘못’을 가하고 그것을 ‘왜곡하는’ 것이다. 말하자면 아르케의 원리에 따른 정치는 사실 ‘정치’가 아니고 ‘치안’이라는 것이 랑시에르의 주장이다(옮긴이).

을 의미한다. 이 변화의 원동력은 내부에서 오는 것이 아니라 외부에서 오는 것이다. 그러나 민주적 포용에 대한 주류 담론과는 달리 이 외부라는 것은 '알려진' 외부가 아니라는 점을 인식하는 것이 중요하다. 민주화는 결국 누가 의사결정에 참여하고 누가 배제되는지를 분명하게 드러내는 치안 질서 **안에서** 일어나는 과정이 아니다. 민주화는 이 질서 안에서는 표현하거나 드러낼 수 없었던 공간에서 기존 질서를 해체하는 과정이다.

마지막으로 랑시에르에게 있어서 민주주의의 목적과 민주화의 '핵심'이 끊임없는 혼란과 분열을 야기하는 것은 아니라는 사실을 아는 것이 중요하다. 랑시에르라면 민주화가 기본적으로 좋은 것이라고 주장하겠지만 그렇다고 해서 치안의 질서가 반드시 나쁘다는 뜻은 아니다. 이것은 그의 글에서 그다지 두드러지지는 않을지 모르지만 그는 민주화가 치안 질서에 긍정적인 영향을 미칠 수도 있다고 주장한다. 민주적 분쟁은 그가 '평등의 기입'[71]이라고 부르는 것을 산출한다. 이러한 분쟁은 (변형된) 치안 질서에 흔적을 남긴다. 그래서 랑시에르는 "더 나쁜 치안이 있고 더 나은 치안이 있다"[72]고 강조한다. 그러나 더 나은 치안은 '아마도 사회의 자연적 질서나 입법자의 과학을 고수하는 치안'이 아니라 '평등주의 논리에 의해 야기된 강제진입으로 인해 자연의 논리에서 크게 벗어난' 치안일 것이다.[73] 따라서 랑시에르는 치안도 "온

---

71 Rancière 1999, p. 100.

72 Ibid., pp. 30-31.

73 Ibid., p. 31.

갖 선을 산출할 수 있으며, 어떤 치안은 다른 치안보다 지속적으로 선호될 수 있다"는 점을 인정한다. 하지만 치안의 질서가 '달콤하고 친절'한지 아닌지에 따라서 정치와의 대립 정도가 달라지지는 않는다고 결론짓는다.[74]

결론

이 장에서는 최근 민주주의 이론의 발전에서 포용을 주제로 삼게 된 방식과 관련하여 두 가지 문제를 지적했다. 이 두 가지 문제는 모두 민주화 과정에 대한 특정의 이해와 관련이 있기 때문에 서로 연결되어 있다. 위에서 보여준 것처럼 민주화는 원래 아직 민주주의 영역에 들어와 있지 않은 사람들을 그 안으로 끌어들이는 포용의 과정으로 이해된다. 앞에서 주장한 바와 같이 이는 예상되는 민주주의의 최종 목표가 모든 사람을 포용하는 상황, 즉 민주주의가 표준적인 정치로 받아들여지는 상황임을 시사한다. 또한 이러한 이해방식은 민주주의의 '영역' 안에 이미 들어와 있는 사람들이 있고 그 영역 밖에 있는 사람들을 **자신들**의 활동 무대로 끌어들이는 것은 그들 자신에게 달려 있다는 설정을

---

74 치안과 정치를 이분법적으로 접근해서는 안 된다는 것을 말하고 있다. 정치는 민주주의에 해당되고 치안은 비민주주의에 해당하는 것이 아니라는 의미로도 해석된다. 정치는 '어쩌다' 발생하는 것이며 우리는 대부분의 사회적 삶을 치안 질서 속에서 살아가되 필요한 상황에서 치안 질서를 해체하는 정치가 작동한다는 점을 확인시켜 주고 있다(옮긴이).

전제로 한다.

그러나 민주주의와 민주화에 대한 이러한 이해 방식에는 몇 가지 문제점이 있음을 지적했다. **주된 문제**는 우리가 이미 민주주의가 무엇인지 알고 있고(물론 핵심적인 문제는 여기서 '우리'가 누구냐는 것이다) 포용이란 기존의 민주주의 질서에 더 많은 사람들을 끌어들이는 것에 지나지 않는다는 생각을 전제로 하고 있다는 점이다. 이것은 기본적으로 민주화를 식민주의 방식으로 이해하는 것이며, 내가 보기에 현재 지정학적 차원에서 일어나고 있는 (특정한 의미의) 제국주의적 민주주의의 확장 뒤에 있는 논리다. 이 접근법의 주된 문제는 다른 사람들을 포용하는 정치 질서로서의 민주주의를 당연한 것으로 간주한다는 사실이다. 말하자면 이러한 질서 자체를 의문의 여지가 없는 출발점으로 삼는 것이다. 이것은 국제 정치에서만 문제가 되는 것이 아니라 특정한 형태의 민주적 교육에 있어서도 문제가 된다. 즉 이런 형태의 민주주의 교육은 아이들이 전 합리적prerational이고 전 민주적predemocratic 단계에서 미래에 민주주의에 참여하기 위한 진입 조건을 충족시키는 단계로 나아가는 것을 촉진함으로써 아이들과 '새로 오는 자들'을 기존의 민주적 질서에 끌어들이는 것이 민주주의 교육의 과제라는 가정하에 운영된다.

랑시에르 저작의 중요성은 바로 민주주의와 포용에 대한 이런 사고 방식을 뒤집어 접근했다는 사실에 있다. 그에게 있어서 민주주의는 표준적인 상황이 아니다. 다시 말하면 민주주의는 치안 질서의 방식으로 존재하지 않고 평등의 이름으로 치안 질서를 중지시키는 데서 일어난다. 그래서 랑시에르는 민주주의가 어쩌다 일어나는 것이라고 말한다.

게다가 랑시에르에게 있어서 민주화는 다른 사람들에게 베푸는 것이 아니라, 사람들이 오로지 스스로 성취할 수 있는 것일 뿐이다. 랑시에르는 이것을 해방의 문제와 연결시킨다. 그에 따르면 해방은 "소수자 minority의 위치에서 탈출하는 것"을 의미한다.[75] 그러나 그는 여기에 덧붙여 "스스로의 노력이 없으면 어느 누구도 사회적 소수자의 위치로부터 탈출할 수 없다"[76]고 주장한다. 그리고 랑시에르는 민주적 포용을, 기존 질서에 더 많은 사람을 추가하는 것이 아니라 필연적으로 그러한 질서의 변형을 수반하는 과정으로 이해해야 한다는 것을 알려준다. 포용의 노력을, 배제된 것으로 알려진 사람들을 껴안는 것으로 제한한다면 이는 민주주의를 기존 질서 안에서만 운영하는 것이다. 내가 강조하고 싶은 것은, 랑시에르가 상기시켜 주었듯이 더 나쁜 치안이 있고 더 나은 치안이 있기 때문에, 이것이 결코 덜 중요한 것은 아니라는 사실이다. 그러나 랑시에르가 알려주는 것은 다른 종류의 포용이 필요하다는 점에 대한 이해이다. 그것은 곧 기존 질서에서 배제되었다는 사실을 알 수 없는 것을 포용하는 것, 내가 다른 자료에서 '셈할 수 없는 것'[77]이라고 언급했던 것을 포용하는 것이다.

왜 그리고 어떻게 이러한 아이디어들이 교육에, 더 중요하게는 민주주의 교육에 중요한가? 내가 보기에 현 정치 풍토에서 가장 중요한 것은 무엇보다도 식민지적 민주주의 교육관에 의해서는 정확하게 알

---

75 Rancière 1995, p. 48.
76 Ibid.
77 Biesta 2001 참조

려지지 않은 민주주의 교육에 대해 사유하고 이를 실천할 방법을 찾는 것이다. 적어도 랑시에르는 식민지적 사고방식에 훨씬 덜 오염된 방식으로 민주주의와 민주화, 포용의 관계를 다르게 이해할 수 있다는 것을 보여주고 있다. 랑시에르는 또한 선택의 여지가 있음을 알려준다. 민주주의 교육은 치안의 질서에서도 나름의 역할을 할 수도 있고(치안의 질서에서도 해야 할 중요한 일이 있음을 강조하고 싶다), 평등이라는 이름으로 '외부에서' 들어와 민주적 질서를 중단시키는 민주화의 경험 및 실천과 연결하려 할 수도 있다. 교육자들은 아이들과 젊은이들에게 '훌륭한 민주주의자'가 되라고 가르치는 대신에(내가 보기에 그것은 기본적으로 치안의 질서 안에 남아 있는 전략이다) 민주화가 '일어나는' 예측할 수 없는 순간에 학습 기회를 활용하고 지원하는 역할을 마땅히 할 수도 있을 것이다. 내가 볼 때 민주주의를 가르치려는 시도를 중단함으로써(설령 그것이 숙의 민주주의의 이상에 기초한 가르침일지라도) 그러한 순간들이 일어난다는 것은 더 이상 말할 필요도 없을 것이다.

학습의 종언

에필로그
학습의 종언

이 책에서 내가 하고자 했던 것은 좋은 교육을 위한 청사진을 제시하는 것이 아니라 좋은 교육이 무엇인지에 대한 토론을 자극하고 그러한 토론의 주요 개념들을 밝히는 것이었다. 좋은 교육에 대한 토론을 시작하려면 '교육은 무엇을 위한 것인가?'라는 간단한 질문 하나만 하면 된다. 물론 이 질문에 대답하는 것은 쉽지 않겠지만, 만약 그 질문이 다루어지지 않는다면, 교육이 아무런 방향 없이 진행될 것이라고 확신할 수 있다. 아니면 적어도 어느 방향이 가장 바람직한지에 대한 숙고의 결과가 아닌 방식으로 교육이 진행될 것이다. 앞 장들에서는 좋은 교육에 대한 질문이 교육자, 교육 전문가 및 교육정책 입안자의 '레이더'에서 거의 사라진 것처럼 보이는 몇 가지 이유를 지적했다. 이것은 부분적으로 학습 언어의 부상과, 보다 일반적으로는 교육의 '학습화'에 기인한다. 요즘에는 학습에 대한 이야기는 너무 많고 무엇을 위한 학습을 하려는 것인지에 대한 이야기는 너무 적다. 다시 말하면 배움의 목적에 대한 이야기는 너무 적다는 것이다. 이것은 학교와 대학에서 진행되는 학습뿐만 아니라 평생 학습의 개념에도 그대로 적용된다. 평생 학습은 그 자체로 방향이 없으므로 근본적으로 의미가 없다. 즉 학습이 '무엇'이고 '무엇을 위한 학습'인지에 대한 구체적인 내용이 없다.

앞에서 밝혔듯이 비록 측정의 결과라든가 연구 증거 또는 관리 형태의 책무성에 있어서의 발전이 좋은 교육에 대한 질문을 대체해 왔고 지금도 그러고 있으며 그러한 발전 자체가 교육의 방향을 설정할 수 있음을 보여주려 하지만 좋은 교육의 문제가 가치 판단을 필요로 하는 규범적인 문제라는 점을 감안할 때, 그런 측정과 연구 결과 및 책무성으로는 결코 좋은 교육이 무엇인가에 대한 답을 얻을 수 없다. 그러나 좋은 교육에 대한 질문에 대답하는 것은 단지 자신의 의견과 선호를 표현하는 문제가 아니다. 민주주의라는 조건에서 교육은 결코 사적 재화가 아니다. 이것은 교육적으로 바람직하다고 여겨지는 것에 대한 어떤 결정도 결코 개인의 욕구와 선호의 집계에 기초할 수 없으며, 욕구와 선호를 실제로 원하고 있는 것에서 바람직하다고 정당하게 여겨지는 것으로 전환하는 일이 항상 요구된다는 것을 의미한다.

그러한 전환 과정에 세밀하게 그리고 집중해서 참여하기 위해서는 교육이 단일의 '실체thing' 혹은 일차원적인 노력이 아니라 다양한, 심지어는 양립할 수 없는 역할이나 기능을 포함하는 '복합적인' 개념이라는 사실을 인식해야 한다. 그래서 나는 교육의 목표 및 목적에 대한 논의에서 자격화, 사회화, 주체화라고 언급한 교육의 세 가지 역할 혹은 기능을 구별해야 한다고 제안했다. 이 세 가지 기능 사이의 구별은 가령 교육의 프로세스와 실천이 어떤 방식으로 영향을 미치는지, 또는 그러기를 원하는지 탐색하고자 하는 경우처럼 하나의 분석 도구로 볼 수 있다. 그러나 이러한 역할 혹은 기능의 구별을 프로그래밍 방식으로, 말하자면 교육을 통해 무엇을 성취하고자 하는지를 계획적이고 적극적으로 명확히 밝히는 데 활용할 수도 있다고 제안했다. 분석적으로는 교육이 항상 '새로 오는 자'의 주체성에도 영향을 미친다고 할 수 있지만, 나는 교육이 항상 '새로 오는 자'의 주체성에 영향을 미치는 방식에도 **관여**하며, 궁극적으로 '새로 오는 자'를 기존 질서에 단순히 끌어들이는 것이 아니라 주체가 되는 방식에 도움이 될 수 있는 방식으로 관여해야 한다고 강력하게 주장했다. 이것은 조심스러우면서도 어쩌면 약간은 복잡하긴 하지만, 교육은 항상 자유를 추구해야 한다고 말하는 방식이다.

5장과 6장에서도 그랬지만 특히 4장에서는 우리가 자유를 주권으로, 즉 자유를 단지 당신이 하고 싶은 것을 하는 것으로 생각해서는 안 된다는 것을 지적한 바 있다. 대신에 나는 자유에 대한 '어려운' 개념을 주장했다. 이는 나의 행동의 자유, 즉 나의 시작을 세계 속으로 가지고 오는 자유는 항상 다른 사람들도 주도적으로 그들의 시작을 세계 속으로 가지고 오는 자유와 연결되어 있기 때문에 우리의 행위에 대해서 우리 자신만이 '유일한 주인'으로 남을 수는 없다는 것[1]은 바로 우리

---

1 Arendt 1958, p. 244.

의 시작이 세계로 나올 수 있는 조건이 된다는 것이다. 이것이 '주체화'라는 개념이 '개별화'와 같은 개념보다 더 적절한 이유이다. 왜냐하면 주체화는 우리가 우리 자신의 시작의 주체일 뿐만 아니라 다른 사람들이 이러한 시작을 어떻게 받아들이는지에 의해서도 영향을 받기 때문이다. 따라서 '주체화'는 주체로서 존재하고 주체가 되는 것은 철저히 관계적이며, 앞에서 주장한 바와 같이 철저하게 윤리적이고 정치적이라는 점을 분명히 하고 있다. 이것은 또한 왜 주체화가 단지 자신의 정체성, 심지어 자신의 유일한 정체성을 표현하는 것만이 아닌지를 설명해 준다. 왜냐하면 유일성은 나와 같지 않은 다른 사람들과의 윤리적, 정치적 관계에 있어서 차이의 측면이 아니라 대체 불가능성의 측면에서 이해해야 하기 때문이다. 교육의 개념과 자유의 개념을 연결할 때 나는 분명 계몽주의에 뿌리를 둔 특정의 교육적, 정치적 전통에 속해 있다. 그러나 계몽주의 전통에 대한 나의 '문제의식'은 계몽주의의 야심이 아니라 계몽주의를 일으키는 데 전통적으로 사용되어 온 현대적 수단과 관련이 있다.[2] 나는 이러한 수단들에 문제가 있다고 주장해 왔으며, 앞의 장들에서는 특히 근본적인 인간의 본성 그리고 근본적으로 합리적인 인간의 본성에 대한 개념들이 문제의 일부라고 보아야 한다는 것을 지적했다. 그러나 미셸 푸코[3]가 적절하게 언급한 '정의되지 않은 자유의 일'의 방향성을 포기하고 싶지는 않다.

교육이 자유의 문제와 관련하여 해야 할 역할이 있다는 것뿐만 아

---

2   Biesta 2005 참조
3   Michel Foucault 1984, p. 46.

니라 실제로 교육과 자유 사이에 내재적인 관계가 있다고 하는 것은, 우리가 교육을 자유의 과학과 실천으로 볼 수 있는 정도만큼 확실히 도전적인 생각이다. 그러나 나는 그것이, 매일 교육에 종사하는 사람들이 그들의 일에 대해 알고 있는 것과 다른 생각이 아니라고 본다. 어쨌든 교육을 적어도 의도에 있어서 오로지 자격화에만 초점을 둘 때조차도 교사들은 결코 학생들이 교사의 가르침과 노력에 의존하는 것에 머무는 것을 목표로 하지 않고 항상 학생들의 독립과 해방을 추구한다. 그러므로 이 책에서 보여주었듯이 이러한 방향성을 어떻게 표현하고 정당화하고 "실천할 수 있는가" 하는 것이 핵심적인 질문이지만, 교육이 내재적으로 자유를 추구한다는 것은 이해하기가 그리 어렵지 않다. 이 질문에 참여하는 것은 아마도 우리가 학습의 종점과 교육의 시점을 함께 만나는 지점일 것이다.

참고문헌

Allan, J. 2003. "Daring to Think Otherwise? Educational Policy-making in the Scottish Parliament." *Journal of Education Policy* 18, no. 3: 289-301.

Apple, M. 1979. *Ideology and Curriculum.* Boston: Routledge and Kegan Paul.

_____. 2000. "Can Critical Pedagogies Interrupt Rightist Policies?" *Educational Theory* 50, no. 2: 229-254.

Arendt, H. 1958. *The Human Condition.* Chicago: University of Chicago Press.

_____. 1977. "What Is Freedom?" In H. Arendt, *Between Past and Future: Eight Exercises in Political Thought,* 143-171. Harmonds-worth, UK: Penguin.

Aristotle. 1980. *The Nichomachean Ethics.* Translated with an introduction by David Ross. Revised by J. L. Ackrill and J. O. Urmson. Oxford: Oxford University Press.

Atkinson, E. 2000. "In Defence of Ideas, or Why 'What Works' Is Not Enough." *British Journal of Sociology of Education* 21, no. 3: 317-330.

Ball, S. J. 2003. "The Teacher's Soul and the Terrors of Performativity." *Journal of Education Policy* 18, no. 2: 215-228.

Bauman, Z. 1993. *Postmodern Ethics.* Oxford: Blackwell.

_____. 1998. *Leven met veranderlijkheid, verscheidenheid en onzekerheid.* Amsterdam: Boom.

_____. 2000. *Liquid Modernity.* Cambridge: Polity.

Benhabib, S. 1996. "Toward a Deliberative Model of Democratic Legitimacy." In S. Benhabib, ed., *Democracy and Difference,* 67-94. Princeton, NJ: Princeton University Press.

Bennett, W. 1986. *What Works: Research about Teaching and Learning.* Washington, DC: U.S. Department of Education.

Berliner, D. C. 2002. "Educational Research: The Hardest Science Co of All."

Educational Researcher 31, no. 8: 18-20.

Biesta, G. J. J. 2001. "Preparing for the Incalculable': Deconstruction, Justice, and the Question of Education." In G. J. J. Biesta and D. Egéa-Kuehne, eds., *Derrida and Education*, 32-54. London: Routledge.

_____. 2002. "How General Can *Bildung* Be? Reflections on the Future of a Modern Educational Ideal." *British Journal of Philosophy of Education* 36, no. 3: 377-390.

_____. 2004a. "Against Learning: Reclaiming a Language for Education in an Age of Learning." *Nordisk Pedagogik* 24, no. 1: 70-82.

_____. 2004b. "'Mind the Gap!' Communication and the Educational Relation." In C. Bingham and A. Sidorkin, eds., *No Education without Relation*, 11-22. New York: Peter Lang.

_____. 2004c. "Kunskapande som ett sätt att handla: John Dewey's trans-aktionella teori om kunskapande" ("Knowing as a Way of Doing: John Dewey's Transactional Theory of Knowing"). *Utbildning och Demokrati* 13, no. 1: 41-64.

_____. 2005a. "George Herbert Mead and the Theory of Schooling." In D. Troehler and J. Oelkers, eds., *Pragmatism and Education*, 117-132. Rotterdam: Sense Publishers.

_____. 2005b. "The Learning Democracy? Adult Learning and the Condition of Democratic Citizenship" (review article). *British Journal of Sociology of Education* 26, no. 5: 693-709.

_____. 2005c. "What Can Critical Pedagogy Learn from Postmodernism? Further Reflections on the Impossible Future of Critical Pedagogy." In I. Gur Ze'ev, ed., *Critical Theory and Critical Pedagogy Today: Toward a New Critical Language in Education*, 143-159. *Studies in Education*. Haifa: University of Haifa.

_____. 2006a. *Beyond Learning: Democratic Education for a Human Future*. Boulder, CO: Paradigm Publishers.

_____. 2006b. "What's the Point of Lifelong Learning If Lifelong

Learning Has No Point? On the Democratic Deficit of Policies for Lifelong Learning." European Educational Research Journal 5, nos. 3-4: 169-180.

_____. 2007. "Education and the Democratic Person: Towards a Political Understanding of Democratic Education." *Teachers College Record* 109, no. 3: 740-769.

_____. 2008a. "What Kind of Citizen? What Kind of Democracy? Citizenship Education and the Scottish Curriculum for Excellence." *Scottish Educational Review* 40, no. 2: 38-52.

_____. 2008b. "A School for Citizens: Civic Learning and Democratic Action in the Learning Democracy In B. Lingard, J. Nixon, and S. Ranson, eds., *Transforming Learning in Schools and Communities*, 170-183. London: Continuum.

_____. 2009a. "What Kind of Citizenship for European Higher Education? Beyond the Competent Active Citizen." *European Educational Research Journal* 8, no. 2: 146-157.

_____. 2009b. "Values and Ideals in Teachers' Professional Judgement." In S. Gewirtz, P. Mahony, I. Hextall, and A. Cribb, eds., *Changing Teacher Professionalism*, 184–193. London: Routledge.

_____. Forthcoming [a]. "Learner, Student, Speaker: Why It Matters How We Call Those We Teach." Educational Philosophy and Theory.

_____. Forthcoming [b]. "A New 'Logic' of Emancipation: The Methodology of Jacques Rancière." *Educational Theory*.

Biesta, G. J. J., and N. C. Burbules. 2003. *Pragmatism and Educational Research*. Lanham, MD: Rowman and Littlefield.

Bogotch, I., L. Mirón, and G. Biesta. 2007. "Effective for What; Effective for Whom?' Two Questions SESI Should Not Ignore." In T. Townsend, ed., *International Handbook of School Effectiveness and School Improvement*, 93-110. Dordrecht, the Netherlands: Springer.

Brighton, M. 2000. "Making Our Measurements Count." *Evaluation and*

Research in Education 14, nos. 3-4: 124-135.

Burton, J. L., and J. C. Underwood. 2000. "Evidence-Based Learning: A Lack of Evidence." *Medical Teacher* 22, no. 2: 136-140.

Burton, M., and M. J. Chapman. 2004. "Problems of Evidence-Based Practice in Community-Based Services." *Journal of Learning Disabilities* 8, no. 1: 56-70.

Carr, D. 1992. "Practical Enquiry, Values, and the Problem of Educational Theory." *Oxford Review of Education* 18, no. 3: 241-251.

Carr, W., and A. Hartnett. 1996. *Education and the Struggle for Democracy: The Politics of Educational Ideas.* Buckingham, UK: Open University Press.

Charlton, B. G. 1999. "The Ideology of 'Accountability'." *Journal of the Royal College of Physicians of London* 33: 33-35.

_____. 2002. "Audit, Accountability, Quality, and All That: The Growth of Managerial Technologies in UK Universities." In S. Prickett and P. Erskine-Hill, eds., *Education! Education! Education! Managerial Ethics and the Law of Unintended Consequences.* Exeter: Imprint Academic.

Cutspec, P. A. 2004. "Bridging the Research-to-Practice Gap: Evidence-Based Education." *Centerscope: Evidence-Based Approaches to Early Childhood Development* 2, no. 2: 1-8.

Davies, B. 2003. "Death to Critique and Dissent? The Policies and Practices of New Managerialism and of 'Evidence-Based' Practice." *Gender and Education* 15, no. 1: 91-103.

Davies, P. 1999. "What Is Evidence-Based Education?" *British Journal of Educational Studies* 47, no. 2: 108-121.

Davies, T. O., S. M. Nutley, and P. C. Smith, eds. 2000. *What Works: Evidence-Based Policy and Practice in the Social Services.* Bristol, UK: Policy Press.

Davis, A., and J. White. 2001. "Accountability and School Inspection: In Defence of Audited Self-Review." *Journal of Philosophy of Education* 35, no. 4: 667-681.

Dearden, R. F., P. Hirst, and R. S. Peters, eds. 1972. *Education and the Development of Reason.* London: Routledge and Kegan Paul.

Derrida, Jacques. 1982. *Margins of Philosophy.* Chicago: Chicago University Press.

de Vries, G. H. 1990. *De ontwikkeling van wetenschap.* Groningen: Wolters Noordhoff.

Dewey, J. 1911. "Epistemology." In Jo Ann Boydston, ed., *The Middle Works (1899-1924)*, vol. 6, 440-442. Carbondale: Southern Illinois University Press.

_____. 1922. "Human Nature and Conduct." In Jo Ann Boydston, ed., *The Middle Works (1899-1924)*, vol. 14. Carbondale: Southern Illinois University Press.

_____. 1925. "Experience and Nature." In Jo Ann Boydston, ed., *The Later Works (1925-1953)*, vol 1. Carbondale: Southern Illinois University Press.

_____. 1929. "The Sources of a Science of Education." In Jo Ann Boydston, ed., *The Later Works (1925-1953)*, vol. 5, 218-235. Carbondale: Southern Illinois University Press.

_____. 1938. "Logic: The Theory of Inquiry." In Jo Ann Boydston, ed., *The Later Works (1925-1953)*, vol. 12. Carbondale: Southern Illinois University Press.

_____. 1985 [1916]. "Democracy and Education." In Jo Ann Boydston, ed., *The Middle Works (1889-1924)*, vol. 9. Carbondale: Southern Illinois University Press.

Dryzek, J. 2000. *Deliberative Democracy and Beyond: Liberals, Critics, Contestations.* Oxford: Oxford University Press.

Eisenhart, M., and L. Towne. 2003. "Contestation and Change in National Policy on 'Scientifically Based' Education Research." *Educational Researcher* 32, no. 7: 31-38.

Elliott, J. 2001. "Making Evidence-Based Practice Educational." *British Educational Research Journal* 27, no. 5: 555-574.

Elster, J., ed. 1998. *Deliberative Democracy*. Cambridge: Cambridge University Press.

Epstein, D. 1993. "Defining Accountability in Education." *British Educational Research Journal* 19, no. 3: 243-257.

Eraut, M. 2003. "Practice-Based Evidence." In G. Thomas and R. Pring, eds., *Evidence-Based Policy and Practice*. Milton Keynes, UK: Open University Press.

Erickson, F., and K. Gutierrez. 2002. "Culture, Rigor, and Science in Educational Research." *Educational Researcher* 31, no. 8: 21-24.

Evans, J., and P. Benefield. 2001. "Systematic Reviews of Educational Research: Does the Medical Model Fit?" *British Educational Research Journal* 27, no. 5: 527-541.

Faulks, K. 1998. *Citizenship in Modern Britain*. Edinburgh, UK: Edinburgh University Press.

Feuer, M., L. Towne, and R. Shavelson. 2002. "Scientific Culture and Educational Research." *Educational Researcher* 31, no. 8: 4-14.

Field, J. 2000. *Lifelong Learning and the New Educational Order*. Stoke on Trent, UK: Trentham.

Fischman, W., J. A. DiBara, and H. Gardner. 2006. "Creating Good Education against the Odds." *Cambridge Journal of Education* 36, no. 3: 383-398.

Foucault, M. 1984. "What Is Enlightenment?" In P. Rabinow, ed., *The Foucault Reader*, 32-50. New York: Pantheon.

_____. 1970. *The Order of Things: An Archaeology of the Human Sciences*. New York: Random House.

Fox, M. 2003. "Opening Pandora's Box: Evidence-Based Practice for Educational Psychologists." *Educational Psychology in Practice* 19, no. 2: 91-102.

Freire, P. 1970. *Pedagogy of the Oppressed*. New York: Continuum.

Gewirtz, S. 2002. *The Managerial School: Post-Welfarism and Social Justice in Education*. London: Routledge.

Giroux, H. A. 1981. *Ideology, Culture, and the Process of Schooling.* Philadelphia, PA: Temple University Press.

Granger, D. 2008. "No Child Left Behind and the Spectacle of Failing Schools: The Mythology of Contemporary School Reform." *Educational Studies* 43, no. 3: 206-228.

Gray, J. 2004. "School Effectiveness and the 'Other Outcomes' of Secondary Schooling: A Reassessment of Three Decades of British Research." *Improving Schools* 7, no. 2: 185-198.

Gutmann, Amy. 1993. "Democracy." In R. Goodin and P. Pettit, eds., *A Companion to Contemporary Political Philosophy*, 411-421. Oxford: Blackwell.

Hammersley, M. 1997. "Educational Research and a Response to David Hargreaves." *British Educational Research Journal* 23, no. 2: 141-161.

_____. 2000. "Some Questions about Evidence-Based Practice in Education." Paper presented at the symposium on "Evidence-Based Practice in Education" at the annual Conference of the British Educational Research Association, September 13-15. Retrieved February 18, 2005, from http://www.leeds.ac.uk/educol/documents/00001819.htm.

_____. 2001. "On 'Systematic' Reviews of Research Literatures: A 'Narrative' Response to Evans and Benefield." *British Educational Research Journal* 27, no. 5: 543-554.

Hargreaves, D. 1999. "Revitalising Educational Research: Lessons from the Past and Proposals for the Future." *Cambridge Journal of Education* 29, no. 2: 405-419.

Haugsbakk, G., and Y. Nordkvelle. 2007. "The Rhetoric of ICT and the New Language of Learning: A Critical Analysis of the Use of ICT in the Curricular Field." *European Educational Research Journal* 6, no. 1: 1-12.

Held, D. 1987. *Models of Democracy.* Cambridge: Polity.

Henry, G. T. 2002. "Choosing Criteria to Judge Program Success: A Values Inquiry." *Evaluation* 8, no. 2: 182-204.

Hess, F. M. 2006. "Accountability without Angst? Public Opinion and No Child Left Behind." *Harvard Educational Review* 76, no. 4: 587-610.

Hickman, L. 1990. *John Dewey's Pragmatic Technology.* Bloomington: Indiana University Press.

Hillage Report. 1998. *Excellence in Research on Schools.* Sussex, UK: University of Sussex Institute for Employment Studies.

Hoagwood, K., and J. Johnson. 2003. "School Psychology: A Public Health Framework－I. From Evidence-Based Practices to Evidence-Based Policies." *Journal of School Psychology* 41, no. 1: 3-21.

Honig, B. 1993. *Political Theory and the Displacement of Politics.* Ithaca, NY: Cornell University Press.

Hostetler, K. 2005. "What Is 'Good' Education Research?" *Educational Researcher* 34, no. 6: 16-21.

House, E. R., and K. R. Howe. 1999. *Values in Evaluation and Social Research.* Thousand Oaks, CA: Sage.

Hughes, M., F. Wikely, and T. Nash. 1994. *Parents and Their Children's Schools.* Oxford: Blackwell.

Kant, I. 1982. "Über Pädagogik." In I. Kant, *Schiften zur Anthropologie, Geschichtsphilosophie, Politik, und Pädagogik*, 695-761. Frankfurt am Main, Germany: Verlag.

_____. 1992 [1784]. "An Answer to the Question 'What Is Enlightenment?'" In P. Waugh, ed., *Postmodernism: A Reader*, 89-95. London: Edward Arnold.

Kerr, D. 2005. "Citizenship Education in England: Listening to Young People － New Insights from the Citizenship Education Longitudinal Study." *International Journal of Citizenship and Teacher Education* 1, no. 1: 74-96.

Lagemann, E. 2000. *An Elusive Science: The Troubling History of Educational Research.* Chicago: University of Chicago Press.

Laverty, M. 2009. "A Review of Gert Biesta, *Beyond Learning: Democratic*

Education for a Human Future." *Studies in Philosophy and Education* 28, no. 5: 569-576.

Levinas, E. 1981. *Otherwise Than Being or Beyond Essence.* The Hague: Martinus Nijhoff.

_____. 1985. *Ethics and Infinity.* Pittsburgh, PA: Duquesne University Press.

_____. 1990. *Difficult Freedom: Essays on Judaism.* Baltimore: Johns Hopkins University Press.

Lingis, A. 1994. *The Community of Those Who Have Nothing in Common.* Bloomington: Indiana University Press.

Luyten, H., A. Visscher, and B. Witziers. 2005. "School Effectiveness Research: From a Review of the Criticism to Recommendations for Further Development." *School Effectiveness and School Improvement* 16, no. 3: 249-279.

Marquand, D. 2004. *Decline of the Public.* Cambridge: Polity.

Masschelein, J., and M. Simons. 2004. *Globale immuniteit (Global Immunity).* Leuven: Acco.

Mills, C. Wright. 1959. *The Sociological Imagination.* New York: Oxford University Press.

Mollenhauer, K. 1964. *Erziehung und Emanzipation.* Weinheim, Germany: Juventa.

Mosteller, F., and R. Boruch, eds. 2002. *Evidence Matters: Randomized Trials in Education Research.* Washington, DC: Brookings Institution.

Mouffe, C. 1993. *The Return of the Political.* London: Verso.

_____. 2000. *The Democratic Paradox.* London: Verso.

National Research Council(NRC). 2002. *Scientific Research in Education.* Washington, DC: National Academy Press.

Nicolaidou, M., and M. Ainscow. 2005. "Understanding Failing Schools: Perspectives from the Inside." *School Effectiveness and School Improvement* 16, no. 3: 229-248.

Nutley, S., H. Davies, and I. Walter. 2003. "Evidence-Based Policy and Practice:

Cross-Sector Lessons from the UK." Keynote paper for the Social Policy Research and Evaluation Conference, July 2-3, Wellington, New Zealand. Retrieved March 8, 2005, from www.st-andrews.ac.uk/~cppm/NZ%20 conference%20paper%20final%20170602.pdf.

Oakley, A. 2002. "Social Science and Evidence-Based Everything: The Case of Education." *Educational Review* 54, no. 3: 277-286.

Oelkers, J. 2000. "Democracy and Education: About the Future of a Problem." *Studies in Philosophy and Education* 19, no. 1: 3-19.

_____. 2005. "Pragmatismus und Pädagogik: Zur Geschichte der demokratischen Erziehungstheorie." In F. Busch and H.-J. Wätjen, eds., *Erziehen-Lehren-Lernen: Zu Kontinuitäten, Brüchen, und Neuorientierungen im pädagogischen Denken*, 7-50. Oldenburg: Oldenburger Universitätsreden.

Oliver, M., and G. Conole. 2003. "Evidence-Based Practice and E-Learning in Higher Education: Can We and Should We?" *Research Papers in Education* 18, no. 4: 385-397.

Olson, D. 2004. "The Triumph of Hope over Experience in the Search for 'What Works': A Response to Slavin." *Educational Researcher* 33, no. 1: 24-26.

Olssen, M. 1996. "In Defense of the Welfare State and of Publicly Provided Education." *Journal of Education Policy* 11.

O'Neill, O. 2002. "BBC Reith Lectures 2002: A Question of Trust." http://www.bbc.co.uk/radio4/reith2002.

Osberg, D. C., and G. Biesta. Forthcoming. "The End/s of School: Complexity and the Conundrum of the Inclusive Educational Curriculum." *International Journal of Inclusive Education*.

Pattie, C., P. Seyd, and P. Whiteley. 2004. *Citizenship in Britain: Values, Participation, and Democracy*. Cambridge: Cambridge University Press.

Peters, R. S. 1966. *Ethics and Education*. London: Allen and Unwin.

Peters, R. S., ed. 1976. *The Concept of Education*. London: Routledge and Kegan

Paul.

Pirrie, A. 2001. "Evidence-Based Practice in Education: The Best Medicine?" *British Journal of Educational Studies* 49, no. 2: 124-136.

Pirrie, A., and K. Lowden. 2004. "The Magic Mirror: An Inquiry into the purposes of Education." *Journal of Education Policy* 19, no. 4: 515-528.

Poulson, L. 1996. "Accountability: A Key Word in the Discourse of Educational Reform." *Journal of Education Policy* 11, no. 5: 579-592.

_____. 1998. "Accountability, Teacher Professionalism, and Education Reform in England." *Teacher Development* 2, no. 3: 419-432.

Power, M. 1994. *The Audit Explosion*. London: Demos.

_____. 1997. *The Audit Society: Rituals of Verification*. Oxford: Oxford University Press.

Pring, R. 2000. *Philosophy of Educational Research*. London: Continuum.

Rancière, J. 1991. *The Ignorant Schoolmaster: Five Lessons in Intellectual Emancipation*. Stanford, CA: Stanford University Press.

_____. 1995a. *La Mésentente*. Paris: Gallilée.

_____. 1995b. *On the Shores of Politics*. London: Verso.

_____. 1999. *Dis-Agreement: Politics and Philosophy*. Minneapolis: University of Minnesota Press.

Ridgway, J., J. S. Zawojewski, and M. N. Hoover. 2000. "Problematising Evidence-Based Policy and Practice." *Evaluation and Research in Education* 14, nos. 3-4: 181-192.

Ross, K. 1991. "Translator's Introduction." In J. Rancière, *The Ignorant Schoolmaster: Five Lessons in Intellectual Emancipation*, vii-xxiii. Stanford, CA: Stanford University Press.

Rutter, M., and B. Maughan. 2002. "School Effectiveness Findings, 1979-2002." *Journal of School Psychology* 40, no. 6: 451-475.

Sackett, D. L., W. S. Richardson, W. M. C. Rosenberg, and R. B. Haynes. 1997. *Evidence-Based Medicine: How to Practice and Teach EBM?* London:

Churchill Livingstone.

Sackett, D. L., W. Rosenberg, J. M. Gray, R. B. Haynes, and W. S. Richardson. 1996. "Evidence-Based Medicine: What It Is and What It Isn't." *British Medical Journal* 312: 71-72.

Sanderson, I. 2003. "Is It 'What Works' That Matters? Evaluation and Evidence-Based Policy Making." *Research Papers in Education* 18, no. 4: 331-347.

Schwandt, T., and P. Dahler-Larsen. 2006. "When Evaluation Meets the 'Rough Ground' in Communities." *Evaluation* 12, no. 4: 496-505.

Siegel, H. 2004. "High-Stakes Testing, Educational Aims and Ideals, and Responsible Assessment." *Theory and Research in Education* 2, no. 2: 219-233.

Simons, H. 2003. "Evidence-Based Practice: Panacea or Over-Promise?" *Research Papers in Education* 18, no. 4: 303-311.

Simons, H., S. Kushner, K. Jones, and D. James. 2003. "From Evidence-Based Practice to Practice-Based Evidence: The Idea of Situated Generalization." *Research Papers in Education Policy and Practice* 18, no. 4: 347-365.

Slavin, R. 2002. "Evidence-Based Educational Policies: Transforming Educational Practice and Research." *Educational Researcher* 31, no. 7: 15-21.

_____. 2004. "Education Research Can and Must Address 'What Works' Questions." *Educational Researcher* 33, no. 1: 27-28.

St. Pierre, E. A. 2002. "'Science' Rejects Postmodernism." *Educational Researcher* 31, no. 8: 25-27.

Thomas, G., and R. Pring, eds. 2004. *Evidence-Based Policy and Practice*. Milton Keynes, UK: Open University Press.

Tomlinson, S. 1997. "Sociological Perspectives on Failing Schools." *International Studies in Sociology of Education* 7, no. 1: 81-98.

Tooley, J., and D. Darby. 1998. *Educational Research: An OFSTED Critique*. London: OFSTED.

Townsend, T. 2001. "Satan or Savior? An Analysis of Two Decades of School Effectiveness Research." *School Effectiveness and School Improvement* 12, no. 1: 115-130.

Townsend, T., ed. 2007. *International Handbook of School Effectiveness and School Improvement*. Dordrecht, the Netherlands: Springer.

Usher, R. 2006. "Lyotard's Performance." *Studies in Philosophy and Education* 25, no. 4. 279-288.

Usher, R., and R. Edwards. 1994. *Postmodernism and Education*. London: Routledge.

Valero, P., and R. Zevenbergen, eds. 2004. *Researching the Socio-Political Dimensions of Mathematics Education*. Dordrecht, the Netherlands: Kluwer.

Vanderstraeten, R., and G. J. J. Biesta. 2001. "How Is Education Possible?" *Educational Philosophy and Theory* 33, no. 1: 7-21.

Warren, M. 1992. "Democratic Theory and Self-Transformation." *American Political Science Review* 86, no. 1: 8-23.

Westheimer, J., and J. Kahne. 2004. "What Kind of Citizen? The Politics of Educating for Democracy." *American Educational Research Journal* 41, no. 2: 237-269.

Willinsky, J. 2001. "Education and Democracy: The Missing Link May Be Ours." *Harvard Educational Review* 72, no. 3: 367-392.

Winch, C. 2005. Education, Autonomy, and Critical Thinking. London: Routledge.

Young, I. M. 2000. *Inclusion and Democracy*. Oxford: Oxford University Press.

자료 출처

이 책을 집필하는 데 있어서 나는 이전에 출판된 자료를 활용했다. 1장은 "좋은 교육: 그것이 무엇이며 왜 필요한가?"를 주제로 2009년 3월 스털링 대학교에서 했던 취임 강연 및 *Educational Assessment, Evaluation, and Accountability* 21집, 1호(2009): 33-46에 실린 논문 "Good Education in an Age of Measurement"를 기반으로 하고 있다. 2장의 경우는 *Educational Theory* 57집 1호(2007)

에 실린 논문 "Why 'What Works' Won't Work: Evidence-Based Practice and the Democratic Deficit of Educational Research"의 자료를 활용했다. 3장은 *Educational Theory* 54집 3호(2004): 233-250에 실린 논문 "Education, Accountability, and the Ethical Demand: Can the Democratic Potential of Accountability Be Regained?"를 바탕으로 하고 있다. 한편 4장은 2007년에 도쿄 철학 센터에서 발표한 논문 "Who Is Afraid of Education?" 및 근간 예정인 "What Is at Stake in a Pedagogy of Interruption?"의 자료를 포함하고 있다. 이 자료는 T. E. Lewis, J. G. A. Grinberg와 M. Laverty가 공동으로 편집한 *Playing with Ideas: Modern and Contemporary Philosophies of Education*(Weinheim, Germany: Beltz, 2007)에 수록될 예정이다. 5장의 일부는 2007년에 R. Casale과 R. Horlacher이 편집하여 출판한 *Bildung und Öffentlichkeit*(Weinheim, Germany: Beltz, 2007) 78-92쪽에 "Democratic Education after Dewey?"라는 주제로 실려 있다. 6장의 초기 버전은 *Nordisk Pedagogik* 27집 1호(2007): 18-31에 "Don't Count Me In': Democracy, Education, and the Question of Inclusion"로 게재된 바 있다.

찾아보기

지은이 및 옮긴이

지은이

거트 비에스타(Gert J. J. Biesta)

아일랜드 메이누스 대학교 교수이자 스코틀랜드 에딘버러 대학교 교육대학의 교수이기도 하다. 네덜란드, 핀란드, 영국, 노르웨이, 스웨덴, 미국 등 여러 나라에서 연구 및 교육 등 다양한 학술활동을 해 왔으며 외국 출생으로서는 최초로 미국 교육철학학회 회장을 역임한 바 있다(2011~2012). 2019년 6월 22일 서울시립대에서 열렸던 <2019 학교민주시민교육 국제포럼>에서 기조강연을 하기도 했다.

『World Centred Education: A View for the Present』(Routledge, 2022), 『The beautiful Risk of Education』(Paradigm, 2013), 『Beyond Learning』(2006)(박은주 옮김, 『학습을 넘어서』, 교육과학사, 2022), 『Jacques Rancière: Education, truth, emancipation』(2010)(이민철 옮김, 『교육의 평등, 제3의 길: 자크 랑시에르의 시선』, 씨아이알, 2023) 등 공저 포함 20권 이상의 저서가 있다.

옮긴이

이민철

서울대학교 교육학과 및 동 대학원을 졸업하였다. 중·고등학교에서 교사를 거쳐 교감, 교장 및 서울교육연구정보원 원장 역임 후 퇴임하였다. 제5대 서울시교육청 학생인권위원회 위원장으로 활동했으며 현재 복잡성교육학회 전임이사로 활동 중이다.

번역서로『학습하는 학교: 시스템사고를 통해 본 학교 복잡계 운영』(공동, 2019),『복잡계의 새로운 접근: 복잡반응과정』(2022)－2023 우수학술도서 선정,『교육의 평등, 제3의 길: 자크 랑시에르의 시선』(2023)이 있으며, 논문으로는 서울 혁신미래교육 실현을 위한 교육과정 및 수업·평가 방안 연구(공동, 2015), 복잡반응과정의 교육적 의미(2020), 가르침과 배움 사이－복잡반응과정, 해체론, 그리고 랑시에르의 시선(2023), 지식 거버넌스 구축을 통한 교육 수요자 학교 선택권 보장 방안(공동연구, 2023) 등이 있다

**우리는 교육에서
무엇을
평가하고
있는가**

초판발행 2023년 12월 20일

지 은 이 거트 비에스타(Gert J. J. Biesta)
옮 긴 이 이민철
펴 낸 이 김성배
펴 낸 곳 도서출판 씨아이알

책임편집 신은미
디 자 인 문정민 엄해정
제작책임 김문갑

등록번호 제2-3285호
등 록 일 2001년 3월 19일
주   소 (04626) 서울특별시 중구 필동로8길 43(예장동 1-151)
전화번호 02-2275-8603(대표)
팩스번호 02-2265-9394
홈페이지 www.circom.co.kr

I S B N 979-11-6856-168-7 93370